Stadt am Tiber
Buch V Domus Domitiana 85-89

John D. Wolfringer

Stadt am Tiber

Die Zeit der Flavischen Kaiser 69-96
Aus den Erinnerungen des
Gnaeus Constantius Rufus

Buch V   Domus Domitiana 85-89

Abb 44 Die Donaugrenze im Westen

V Domus Domitiana 85-89   757

V   Säumer und Römer   763

Die Vermessungsroute – Der Name *Camox* – Alpines Land – Der Römerweg durch die Via Mala – Besuch beim Anwalt in Clavenna: Neues von Lichas – Camox' Verhältnis zu Rom

1   Die Fronten an den Reichsgrenzen   779

Rückblick auf Chattenfeldzug: Triumph in Rom – Wieder in Pampinium – Tod des Sabinus Flavius – Agricola aus Britannien zurück – Disput mit Tacitus über römische Militärstrategie – Psychogramm des Tacitus – Verhältnis zu Plinius – Plinius und Frontinus

2   Porta Capena   803

Aqua Marcia defekt: Unter der Porta Capena ist es naß – Juvenals Auftritt in der EPOPNA-Kneipe – Frotzeleien gegen den Kaiser – Pinpetos Geschichte vom Weisen, der auf seine Sinne verzichtet – Kaiser: Pures Gold? – Sorgen an der Donau – Trennung von Frontinus – Martials Nachbar Novius

3   Tyrannis   827

Die Architekten Rabirius und Apollodoros – Rufus' Vortrag zur Sicherheit der Mietshäuser - Spaziergang mit Plutarch: auf dem Palatin: Hellas und Rom – Pracht und Einschüchterung: Die Domus Domitiana – Revolte des Saturnius – Domitian: Ingenieure nach Dakien – Des Kaisers Kahlheit - Minerva: Schutzgöttin der Wissenschaften – Versuche im Alexandriner-Haus? – Rufus erhält den Auftrag Ludus Magnus zu bauen

4   **Melancholie der Priscilla**   855

Tacitus' Christenhaß – Religiöser Disput mit Priscilla – Tissaphernes trennt sich von Milo – Melancholie zweier Liebender – Das Lächeln von Myra – Paulus als Frauenfeind: Diagnose? –Das Trauma der Neronischen Verfolgung – Centurio Iulius' Tod

5   **Zuflucht in Pampinium**   871

Schlafstörungen – Menschlichkeit des Plinius – Der Heilige Hain in Pampinium – Priscilla ohne Trost: Wo bleibt Christus? – Naturschönheit und Religion: Plinius' Erzählung von der Quelle – Bandenwesen: Der entlaufene Sklave Nachor taucht auf – Myra von Hippo/Utica: Geschichte vom Delphin – Mondnacht – Die Stadt der Lügner

Glossar V   915

V Säumer und Römer

Im Frühsommer war ich nach Rätien aufgebrochen. Da wußte ich von der Natur und den Eingeborenen des Hochgebirges nicht viel mehr als uns Livius überliefert hat, indem er den Zug des Hannibal mit seinem Heer und den Elefanten über die Seealpen schilderte. Es war ein düsteres Bild, zumal zu winterlicher Zeit:

Aber die Höhe der Berge, die man jetzt aus der Nähe sah, die Schneemassen, die sich beinahe mit dem Himmel vermischten, die häßlichen auf Felsvorsprüngen gebauten Hütten, die Herdentiere und das Zugvieh, das vor Kälte verkümmert aussah, erneuerten den Schrecken. Die ungeschorenen und verwilderten Menschen, die ganze lebende und leblose Natur, vor Frost erstarrt, und alle diese Erscheinungen, die aus der Nähe noch abscheulicher wirkten als in der Schilderung, trugen mit dazu bei. Als der Zug auf die ersten Hügel hinaufstieg, bemerkten sie, daß die Bergbewohner die vorspringenden Klippen besetzt hielten. Wenn sie aus den versteckteren Tälern plötzlich angegriffen hätten, wäre eine ungeheure Flucht und Vernichtung daraus geworden. Hannibal ließ haltmachen. Nachdem er Gallier zur Erkundung der Gegend vorausgeschickt hatte, erfuhr er von ihnen, daß es dort keinen Übergang gebe, und so schlug er in diesem ausgedehnten Tale, so gut er konnte, zwischen lauter Felsblöcken und Klippen sein Lager auf. Er wurde nun von den gleichen Galliern, die sich kaum durch Sprache und Sitten unterschieden und sich in Gespräche mit den Bergbewohnern eingelassen hatten, belehrt, daß der Paß nur bei Tage besetzt gehalten werde, bei Nacht aber alle in ihre Häuser verschwänden. Er rückte darauf bei Tagesanbruch an die Hügel heran, als ob er vor ihren Augen am hellichten Tage den Paß mit Gewalt nehmen wollte...

Als ich jedoch von Clavenna aus zum Specula-Paß hinaufritt, fand ich mich unter strahlender Sonne in einer alpinen Landschaft wieder, die mich nicht durch die Wucht übermächtiger Gebirgszüge schreckte, sondern verzauberte durch ein Wechselspiel von nackten Berggipfeln, dicht bewaldeten Talschluchten, sanft geschwungenen Hügeln und immer wieder lieblichen Quellwässern und Wasserfällen. Rom schien plötzlich sehr fern, und das tat meinen strapazierten Nerven gut.

Das Gelände, das ich kartographierte, erstreckte sich von dem Rasthof Tarvesede, gelegen halbwegs zwischen Clavenna und der Paßhöhe, bis zum Rhein unterhalb von Specula, wo von links der Pfad vom Mons Avium einmündete. Von da aus folgte die Vermessungsroute östlich dem Rheinlauf bis zur Rufula-Schlucht, und von dort aus nördlich dem Fluß entlang, über den Rasthof Lapidaria bis zur Via Mala-Schlucht. Die Gesamtstrecke betrug etwa dreißig Meilen. Beiderseits des Rheins erstreckten sich Sümpfe und Auenwälder, die zur Zeit der Schneeschmelze weitflächig überschwemmt waren. Lawinen, Erdrutsche und Felsstürze waren häufig und zwangen den Verkehr immer wieder zur Räumung oder Verlegung der Pfade. So wurde mir jedenfalls berichtet, ich selbst habe das Frühjahr hier nicht erlebt. Der Frachtverkehr lag in den Händen der Säumer. Ein Tier konnte mit maximal 500 Pfund beladen werden, geringere Lasten bis zu 150 Pfund wurden durch Träger befördert. Karren waren nicht in Gebrauch. Die Täler waren bewaldet mit Weißtanne, Kiefer, Lärche. Aber es gab regional auch ansehnliche Baumbestände an Birken, Weiden, Eichen, Haselnuß. Die Baumgrenze lag bei etwa 7000 Fuß. Der Pionieroffizier Lucius Crispinus, der an der Via Mala-Schlucht arbeitete, war ein begeisterter Jäger und schwärmte von dem üppigen Reichtum an Wild, den die Eingeborenen nicht richtig zu schätzen wüßten. Er war ein nüchterner Soldat, nur wenn die Rede auf die Jagd kam, zeigte sich ein verräterisches Leuchten in seinen Augen. Warum kommst Du nicht einmal mit, Rufus. Höre zu, was da alles herumläuft: Auerochsen, Bisons, Hirsche, Wildschweine, Hasen, Steinböcke, Gemsen, Bären, Wildkatzen, Luchse, Wölfe, Füchse. Ich schätzte an Lucius Crispinus sein waches Interesse, er studierte Land und Leute, wohin auch immer ihn seine Arbeit verschlug. Er hatte herausgefunden, daß zur Zeit in den Alpen ein relativ warmes Klima herrschte. Die Gletscher zogen sich zurück, man konnte in höheren Lagen noch anbauen, was früher nicht möglich war. Aber wer erinnerte sich an früher? Die Leute schworen auf die Erzählungen, als seien die Großväter die Kronzeugen für einen Klimawechsel. Ich sage nur, was ich erfahren habe, meinte Lucius Crispinus. Ich weiß selbst, das historische Gedächtnis vieler Generationen reicht nicht tausend Jahre zurück. Aber, wer weiß schon alles so genau? Ich mußte meinem Freund recht geben.

Am ehesten ließen sich die Menschen hier mit den Eingeborenen vergleichen, die Hannibal damals bei seinem Alpenübergang beobachtete. Sie wirkten auf einen Römer verwahrlost und ungewaschen, ja verkümmert – wobei ich Camox ausnehmen mußte. Sein Stolz gebot ihm, daß er sich, ohne sich seiner Identität zu schämen, auf einer Ebene mit einem zivilisierten Römer bewegte. Neulich fragte ich ihn, was sein Name bedeute: Camox. Er wußte die lateinische Vokabel nicht und malte ein Tier in den Lehm. Das ist eine Gemse, eine Bergziege, sagte ich, verwundert über sein zeichnerisches Geschick. Was heißt *Camox* auf lateinisch? wollte er wissen. Ich mußte erst nachdenken: *dama* oder *rupicapra*. Camox schüttelte den Kopf: Die Namen gefallen mir nicht, ich bleibe bei Camox, ein uraltes Wort. Camox gab es schon, bevor die Gallier über die Alpen zogen. Camox, die flinke, flüchtige Gemse.

Eingeborenen aus der Siedlung Specula begegnete ich, wenn sie auf dem Rasthof die niederen Arbeiten verrichteten, auf Anweisung von Tambo, Ambrax, Volcus. Ich habe nicht herausgefunden, welchen Göttern sie dienten. Lucius Crispinus meinte, sie nähmen es nicht besonders ernst mit der Religion. Sie opferten einigen Wald-, Jagd- und Hirtengöttern, versteckt im Gebirge gäbe es auch Brandopferplätze aus uralter Zeit. Er hielt sogar Menschenopfer für möglich. In primitiven Gesellschaften vertraue man etablierten Religionen nicht, heimlich halte man es mit den überlieferten Gottheiten, die nicht auf einem fernen Olymp hausten, sondern mitten unter ihnen in der Natur. Und stets lebten sie im Zweifel, wenn sie in schwerer Not von den Göttern etwas erbäten, ob das Opfer als Gegenleistung auch genug sei. Nur ein Menschenopfer gäbe ihnen die Gewißheit, die Götter seien zufrieden. Natürlich nicht Opfer im Greisenalter, sondern Jungfrauen und Knaben.

Die Hütten der Eingeborenen standen auf markanten Anhöhen – auf Spornen, Hügelkuppen, Felsbändern. Sie waren allgemein aus Holzstämmen errichtet, mit Schindeldächern gedeckt, und manchmal festungsartig von einer Mauer aus Naturstein eingefriedet. Gegen Wind und Kälte waren die Ritzen im Gebälk mit Moos abgedichtet. Die Türen waren schmal und wurden mit Stricken in den Angeln gehalten. Der Boden im Innern war gestampfter Lehm. Ein Herdfeuer spendete Wärme und Licht. Zur Beleuchtung dienten auch Talglampen. Um die Häuser streunten knochige Hunde. Weiter unten im Talgrund stieß ich zu meiner Überraschung auf gemörteltes Mauerwerk. Die Berghänge waren stellenweise gerodet, hauptsächlich um Weideland zu schaffen für die kleinwüchsigen Rinder sowie Schafe und Ziegen. Auf den Wiesen sah man Pferde grasen. Die Aufzucht von Maultieren spielte eine große Rolle. Im Hause wurden auch Schweine und Hühner gehalten.

Kleinere Flächen auf den Hängen waren als Terrassen für den Feldbau angelegt. Angebaut wurden Dinkel, Gerste, Saubohnen, in Nutzgärten auch Bohnen und Erbsen. Am Südhang, gegen Clavenna zu, gab es größere Gehöfte mit Obstplantagen, dort gediehen Äpfel, Birnen, Pfirsiche, Aprikosen. Der Wein, der im Tal wuchs, ließ sich trinken. Clavenna, das sich von Comum aus über den Lacus Larius erreichen ließ, war der letzte Außenposten der Zivilisation vor den Alpen. Es rühmte sich auch einer speziellen Industrie: In der Nähe wurde Speckstein abgebaut und zu Koch- und Tafelgeschirr verarbeitet.

Ich hatte meine Leute in drei Trupps zu vier Mann über die Route verteilt, die wir vermaßen: Den südlichen Anstieg zum Paß aus Richtung Clavenna; nördlich die Specula-Paßstraße bis zum Rhein; den Pfad entlang des Rheins nach Osten bis zur Via Mala-Schlucht. Die Daten wurden von meinem Aufseher, ein Profi der Landvermessung, gesammelt und ausgewertet. Zusammen ritten wir täglich zu den Arbeitsstellen. Am Ende der Via Mala-Route traf ich gewöhnlich Lucius Crispinus. Es herrschte Friede zwischen Rom und Camox, dem König der Säumer, aber Lucius war ein alter Soldat, der seine Baustelle erst einmal gründlich absicherte gegen einen imaginären Feind. Prinzipiell traute er niemandem, am allerwenigsten Camox. Je vier Mann, in Uniform und bewaffnet, hatte er an strategischen Stellen postiert: Nördlich an der Brücke über den Rhein, dann südlich am Eintritt in die Schlucht. Schließlich hatte er noch zwei Mann auf dem Rasthof Lapidaria zurückgelassen, um das Gepäck und die Soldkasse der Mannschaft zu bewachen. Auf kurze Strecken verständigte man sich mit Hornsignalen, zwischen dem Rasthof und der Via Mala mittels Rauchzeichen. Auch Lucius Crispinus trug Uniform während des Dienstes. Es müßte nicht sein, räumte er ein, aber es verschaffte doch Respekt gegenüber dem imaginären Feind

– und auch der eigenen Truppe. Auf Menschen wie Lucius Crispinus stützte sich Rom: Nüchtern, geradlinig, gerecht, kompetent, aufgeschlossen, mit konkreten materiellen Vorstellungen und Wünschen. Der Quell ihrer Beständigkeit war der unerschütterliche Glaube an Rom, für das sie standen, an dessen ruhmvoller Geschichte sie täglich mit kleinen und großen Taten, und auch mit ihren Fehlern und Irrtümern, immer weiter spannen. Sie verehrten den Kaiser nicht als Person, sondern als Amtsträger, wie gut oder wie miserabel er sein mochte. Mit dem Pionieroffizier Lucius Crispinus verband mich eine kernige, bodenständige Freundschaft. Nichts Bewegendes, eher Ruhendes. Sie war örtlich und zeitlich begrenzt. Wenn wir uns an der Via Mala in absehbarer Zeit trennen, dann wird diese Freundschaft eine Erinnerung sein. Ich beobachtete Lucius mit einer gewissen Bewunderung, in die sich Neid mischte. Ich hatte nicht den Eindruck, daß er sich über unlösbare Probleme den Kopf zerbrach. Sein frisches, gerötetes Gesicht, seine klaren, blauen Augen sprachen eher für konkretes Zupacken und ruhige Nächte als für Träume. Aber wer weiß. Ich redete mit ihm über Alltägliches, über die Arbeit, wenn wir zusammen essen oder über einem Krug Wein saßen. Die Affäre Lichas ließ ich ruhen. Damit mußte ich alleine fertig werden. Lucius stellte keine persönlichen Fragen an mich, dafür war ich ihm dankbar.

Zwischen Specula und dem Rasthof Lapidaria verengte sich der Rhein an der Rufula-Schlucht. Der Weg führte im Abstand von hundert Schritt an dem tosenden Wildwasser vorbei und stieg dann über mehrere Kehren bergan. Die Rufula-Schlucht war ein Ort schauriger Geschichten, die man gerne vor dem Schlafengehen in den Gaststuben der Rasthöfe erzählte. Wem seine Seelenruhe lieb war, der hielt sich fern von der Schlucht, vermied des Nachts vom Weg abzukommen. Aber ja, der Weg war doch gut markiert, auch das Reittier hielt die genaue Richtung ein – warum aber geschah es dann doch, daß ein Reisender zu Tode erschrak, wenn vor ihm in nächtlicher Finsternis unerwartet ein reißendes Wildwasser gurgelte? Gerade im letzten Moment vor dem unsichtbaren Abgrund reißt er noch die Zügel an sich, wendet in Panik und galoppiert davon, bis er den nächsten Rasthof erreicht hat und dort totenblaß, am ganzen Körper zitternd von dem Schrecken erzählt. Vielleicht sei er ja eingenickt, aber das Pferd hätte nicht vom rechten Weg abkommen dürfen, und bei dem Geräusch des brausenden Wassers sei ihm doch etwas Sonderbares aufgefallen. Ihm war, als hörte er das Flüstern vieler Stimmen, als hätten sich auf den Felsen da unten Gespenster versammelt. Ja, ja, wird der Wirt dem Gast da antworten, in der Schlucht seien schon viele umgekommen, es sei ja bekannt – aber er wolle nicht darüber reden... Ein anderer Gast jedoch flüstert dem Reisenden zu: Die Rufula-Schlucht ist der Richtplatz der Säumer. Rom ist weit, und seine Gesetze reichen nicht bis hierher. Und wer ist der Richter? Aber der Name fällt nicht. Der Gast wird morgen früh aufbrechen und weiter reisen. Er brauchte den Namen nicht zu wissen: Camox, König der Säumer. Camox, die eiserne Faust. Camox, der Rächer. Camox, Camox, Camox, der Wind trug seinen Namen noch in ferne Täler.

Die Via Mala-Schlucht, die Engstelle des Rheins, schien ein unbezwingbares Hindernis auf der Strecke von Specula nach Curia. Der Pfad führte linksrheinisch in Richtung zur Schlucht. Diese ließ sich vermeiden, indem man kurz vorher scharf nach links abbog und über das Gebirge nach Norden reiste. Das Problem war nicht die Überquerung des Stroms, sondern die Anlage eines durchgehenden Saumpfads. Etwa hundert Fuß waren reiner Fels direkt über der Schlucht, in den man einen Weg hätte hauen müssen. Die Eingeborenen waren damit überfordert, die Römer jedoch ließen sich nicht abschrecken. Lucius Crispinus mit seiner Truppe nutzte eine natürliche Erosionsrinne im Fels, legte dorthin den Weg, indem er an zwei Stellen Halbgalerien aus dem Fels meißeln ließ. Zwei Brücken mußte er über den Abgrund schlagen. Die Höhe des überdeckten Pfads betrug knapp acht Fuß, so daß ein Reiter nicht absitzen mußte. Der Boden wurde einen halben Klafter tiefer gelegt, damit blieb eine schützende Außenwand gegen die Schlucht bestehen. Auf der Gebirgsseite wurden Holzpflöcke im Felsen verankert, die horizontal einen Balken trugen. Daran konnte sich der Reiter festhalten. Damit war der Auftrag des Pionieroffiziers erfüllt. Die Spur war mit drei Fuß für Saumtiere und Pferde breit genug, für das Standardmaß römischer Karren zu eng. Eine entsprechende Verbreiterung der Spur kam nicht in Betracht. Das einseitig stark überhängende Gewölbe der Galerie hätte auf der Schluchtseite einer ganzen Anzahl von Stützen bedurft. Da die Berglast eine unbekannte Größe war, hätte man aus Gründen der Sicherheit nur Naturstein, kein Ziegelwerk, verwenden dürfen. Es gab also keine Kollision der Interessen mit Camox. Im Gegenteil: Er schien die römische Initiative zu begrüßen – abwartend, ob seine Freunde noch mehr im Schilde führten. Von den Halbgalerien führte der Weg über einige Kehren zum Rhein hinab. An der engsten Stelle überquerte eine überdachte Holzbrücke den Fluß. Die Abkürzung über die Schlucht statt des Umwegs über das Gebirge bedeutete eine beträchtliche Zeitersparnis für die Säumer. Daß man Karren mit geringerer Achsenlänge speziell für den Via Mala-Weg konstruieren könnte – den Gedanken behielt ich vorerst für mich.

Ein paarmal war ich den bisher benutzten Weg hinauf geritten, der der Schlucht linksrheinisch auswich. Diese Route hatte ebenfalls ihre Tücken. Es gab sogar einen gefährlichen Abschnitt, der auch durch eine Halbgalerie überwunden worden war. Ein Vorgänger von Lucius Crispinus hatte hier seine Ingenieurskunst erprobt. Ich kam zu dem Schluß, der alte Pfad über die Berge ließe sich ohne drastische Kosten zu einem Karrenweg ausbauen. Es ging mir einfach gegen den Strich, daß mein Projekt an der Via Mala-Schlucht scheitern sollte. Wie sollte ich darüber Domitian berichten? Sein verächtlicher Blick: Meinst Du nicht, die Römer hätten schon viel schwierigere Probleme gelöst? Durch Lucius Crispinus' Pionierleistung würde die Via Mala-Schlucht ihren dämonischen Schrecken nicht verlieren. Auf meinen Vorschlag hin ließ er jeweils am südlichen und am nördlichen Eintritt in die Schlucht ein Heiligtum für den Gott Merkur errichten ...*zu Ehren des göttlichen Flavischen Kaiserhauses*... Dann waren die toten Kaiser geehrt und der lebende nicht beleidigt.

Das schwerste Stück Arbeit hatten sie geschafft: die beiden Halbgalerien und die zweimalige Überbrückung des Abgrunds. Der Saumpfad in schwindelnder Höhe am Rande der Schlucht war vollendet. Die beiden Altäre, dem Gott Merkur geweiht, waren feine Steinmetzarbeiten von Lucius' geschickten Leuten. Jetzt wollte Lucius Crispinus noch den provisorischen Weg ausbauen, der in mehreren Kehren zu der Holzbrücke am Flußufer hinabführte. In ein paar Wochen konnte er packen und abreisen. Ich versuchte die düstere Einsicht zu verdrängen, daß ich dann allein war. Kleon blieb mir, den ich bald freilassen würde. Ab und zu mal ein Durchreisender, mit dem man sich angeregt unterhalten konnte. Ein gelegentlicher Besuch bei meinem Anwalt in Clavenna. Dann wachte auch kein Römer mehr an dem gefährlichen Pfad. Ich starrte hinab in die schaurige Schlucht, horchte auf das gedämpfte Rauschen, glitzernde Lichtpünktchen ritten auf den Wasserkämmen, der Gischt klatschte an die Felsen. Der Eindruck der Ferne, der Finsternis bestimmte jedoch das Bild, die Beklemmung, daß aus dieser Tiefe womöglich kein Weg mehr herausführte.

Jemand hatte ihm den Namen *Lichas* gegeben, ein anderer, der ihn schon vor mir kannte. War jenem bewußt, welche unselige Kreatur einst diesen Namen trug? Lichas, der dem ahnungslosen Herakles das Nessusgewand brachte. Oder gab Lichas sich selbst diesen Namen? Bei meinem letzten Besuch in Clavenna hatte ich mit dem Notar Pomponius Ferus die Formalitäten für Kleons Freilassung geregelt, auch eine Änderung meines Testaments zu seinen Gunsten vorgenommen. Ich bat den Anwalt, Recherchen zur Person von Lichas anzustellen, vor allem, wer seine Besitzer waren, seine Eltern, und aus welcher Gegend des Reiches diese kamen. Immer wieder regte sich bei mir der Verdacht, Lichas stammte aus der Gegend hier, da er sich offenbar mit den Säumern flüssig in einem heimischen Idiom unterhielt. Nun war ich zurück in Clavenna, und nach Kleons feierlicher Manumissio bedeutete mir der Anwalt, er habe Neuigkeiten für mich. Ich gab Kleon den Rest des Tages frei: Er solle sich die hübsche Stadt Clavenna als freier Mann ansehen, die er bisher nur als Sklave kannte. Es war kein passender Scherz, bereute ich sogleich.
"Pomponius Ferus, Du machst mich neugierig. Was hast Du mir zu sagen?"
"Es geht um Deinen Diener Lichas. Ich habe einiges zu seiner Person herausgefunden. Die Geschichte ist allerdings etwas kompliziert. Also höre: Lichas war frei geboren als Sohn eines gewissen Sempronius Calvus und seiner Frau. Er war ein Nachkömmling in der Ehe, irgendwo lebten noch zwei ältere Brüder und eine Schwester. Zehn bis zwölf Jahre älter, so ungefähr. Wolltest Du über diese auch etwas wissen, Rufus?"
"Nur, wenn es zur Sache gehört."

"Das glaube ich nicht. Also weiter. Es scheint mir wichtig festzustellen, daß Lichas als Nachgeborener nicht so richtig als Kind von den Eltern akzeptiert wurde. Die Mutter starb kurz nach Lichas' Geburt. Die Umstände sind nicht geklärt. Ich habe Nachbarn befragt, und sie schienen sich einig, die Mutter habe sich selbst den Tod gegeben. Nun, das mag stimmen oder nicht, Grund hätte sie gehabt, denn Sempronius Calvus war stark verschuldet durch Spekulation mit Krediten an Bankrotteure. Ich war zu der Zeit noch nicht in Clavenna, aber ein älterer Kollege hatte mir mit Informationen weiter geholfen. Der Name des Vaters erschien öfters in den Gerichtsakten. Aber das braucht uns hier nicht zu interessieren."
"Haben sich die Nachbarn an Lichas erinnert?"
"Sie waren sich nicht ganz sicher. Der Name schien ihnen geläufig – jedoch sprachen sie von ihm als dem Kind einer Sklavin. Diese war Bedienstete und Konkubine von Sempronius Calvus. Nach römischem Recht gehörten Kinder aus der Beziehung eines Freien und einer Sklavin dem Sklavenstand an. Ich schließe also, daß Sempronius Calvus den freigeborenen Lichas als Kind der Sklavin untergeschoben hat. Als Sklave hatte er ja einen Sachwert, den der Vater in seiner Geldnot einlösen konnte."
"Wer wußte dann, daß Lichas in Wirklichkeit freigeboren war?"
"Niemand, außer der Sklavin. Nach dem Tod des Sempronius Calvus im letzten Jahr gab sie die Geschichte dem Erbschaftsanwalt preis. Sie hatte Grund zur Rache: Sie war nicht mehr freigelassen worden, sondern gehörte zu Sempronius Calvus' bescheidenem Nachlaß zur Tilgung der Schulden. Der Gläubiger, dem sie zugesprochen wurde, war jedoch anständig und ließ sie frei. Es existierte noch das Zeugnis eines Arztes, der bestätigte, die Sklavin sei unfruchtbar. Offenbar hatte ihr Herr vor, mit ihr als spätere Erwerbsquelle Sklavenkinder zu zeu-

gen, und da das nicht funktionieren würde, nahm sie statt dessen Lichas. Vielleicht war es sogar die Idee der Sklavin, die Sempronius Calvus nicht verlieren wollte."
"Wie erging es dann Lichas?"
"Lichas erhielt eine rudimentäre Ausbildung. Der Vater – so mein Verdacht – benutzte ihn als Strichjungen, verlieh ihn auch und verkaufte ihn mit vierzehn Jahren an einen Händler, der die Route von Clavenna nach Curia bereiste."
"Von daher kannte er also die Säumer?"
"Sehr wahrscheinlich. Der Händler hat sich inzwischen in Obergermanien zur Ruhe gesetzt. Den Lichas verkaufte er an einen Sklavenhändler in Clavenna. Möglich, daß Lichas zwischendurch noch woanders beschäftigt war."
"Weiß Lichas, daß er Freigeborener ist?"
"Sehr gut möglich. Zwar wollte die Sklavin von ihm nichts wissen und hat ein Treffen mit ihm abgelehnt – wozu auch, er war als Sklave aufgewachsen und war de facto Sklave, jedoch wäre sie bereit, in einem Freilassungsprozeß für ihn auszusagen. Und sie hat ihren Fall auch in der Stadt herumerzählt."

Mir kam die Geschichte grotesk vor, ich mußte sie erst verdauen. Pomponius Ferus fand sie nicht ungewöhnlich, wenn schon ein wenig kompliziert, wie er einräumte. Hier war von einem und demselben Lichas die Rede: Einerseits dem schutzlosen Opfer infamer, väterlicher Tyrannei, und andererseits dem widerborstigen, ungetreuen Diener.
"Pomponius Ferus, kommt es häufig vor, daß Kinder in eine Situation wie die von Lichas geraten?"
"Das kann man sich an fünf Fingern abzählen. Woher kommen denn unsere Sklaven? Wir führen kaum noch Kriege. Die Juden nach dem Fall Jerusalems, das war der letzte große Schub an Sklaven. Von der Donau ein paar Daker, von Germanien ein paar Chatten, ein dünnes Rinnsal aus Britannien. Die Rei-

chen werden nicht weniger, der Bedarf an Personal steigt, Freigelassene müssen ersetzt werden, selbst wenn sie nach der Manumissio ihrem Herrn die Treue halten, die Kinder gehen ihre eigenen Wege. Also ist die Gesellschaft angewiesen auf ausgesetzte oder gegen Bezahlung abgeschobene Kinder, manchmal sind sie auch unterschoben wie im Falle des Lichas. Kinder aus den Armenvierteln sind eine unerschöpfliche Quelle, sie wachsen ja immer nach. Gottseidank! Eine andere Quelle ist, daß sich freie Bürger selbst in die Sklaverei verkaufen."
"Was bringt Menschen dazu, so etwas zu tun?"
"Immer das Geld, lieber Rufus. Man bringt für irgendeine Schuld das Geld nicht auf, manchmal möchte man sich auch vor dem Militärdienst drücken. Entlaufene Sklaven beginnen unerkannt nochmals eine neue Karriere, indem sie sich einem Sklavenhändler andienen. Arme verkaufen sich, um ihre Familie zu ernähren. Man läßt sie vielleicht wieder frei eines Tages, dann sind sie Freigelassene. Freigeborene, die sie einmal waren – mit allen Rechten eines römischen Bürgers – werden sie niemals mehr. In Roms Armenvierteln herrschen doch elende Zustände. Da ist der erste Schritt in eine bessere Welt: Man wird Sklave und hat nun einen bestimmten Sachwert."
"Für einen Peregrinus wie mich ist die Preisgabe des römischen Bürgerrechts schwer verständlich." Pomponius Ferus zuckte mit den Schultern:
"Es kommt eben auf die Umstände an. Vergiß nicht: Der Sklave hat einen bestimmten Wert. Er ist Ware, die jemand besitzen kann. Und dieser Jemand wird mit der Ware pfleglich umgehen, damit sie ihren Wert nicht verliert. Exzesse gegen Sklaven, heute eher selten, findet man weniger beim Mittelstand als bei den Reichen, die sich alles leisten können. Im Vergleich zum Sklaven muß der Freie immer erst beweisen, daß er etwas wert ist."

"Ich habe lange in Rom gelebt. Ich habe mir nie Gedanken darüber gemacht, woher die Sklaven kommen. Wenn von Sklaven die Rede war, kamen mir wie von selbst die Punischen Kriege in den Sinn. Als hätten Sklaven nur mit einer historisch fernen Zeit zu tun."
"Es ist schon so: das Thema ist tabu, man spricht darüber nicht in Gesellschaft. Wann ist überhaupt von Sklaven die Rede? Mit diesem Lichas haben wir nun einen konkreten Fall vom Kindesmißbrauch vorliegen – aber sonst ist ihre Präsenz so selbstverständlich wie das Wetter."
"Kinder auszusetzen oder zu verkaufen gilt sicher als Schande – obwohl es solch einem Kind möglicherweise als Sklave einmal besser geht als bei bettelarmen Eltern ohne jegliche Chance, der Armut zu entkommen. Wenn sich aber nun ein Erwachsener zum Sklaven macht?"
"Einer, der freiwillig – aus welchen Gründen auch immer – den verachteten Stand der Sklaverei wählt, verliert vollkommen seine gesellschaftliche Reputation. Man soll sich da nichts vormachen: Auch der Gladiator, dem die Massen in der Arena zujubeln, bleibt juristisch eine Sache. Wenn er vorher nicht freikommt, wird man ihn nach seinem Tod den Aasvögeln zum Fraße vorwerfen. Im übrigen geht der Übertritt in den Sklavenstand ganz geregelt vor sich. Sucht ein Geschäftsmann einen Verwalter, wird er vielleicht einen Freien, zu dem er Vertrauen hat, sogar beschwatzen, daß er sich verkauft. Die Praxis ist: Rom kann ohne eine ausreichende Armee von Sklaven nicht existieren – und zwar auf jeder beruflichen Ebene."
"Und das Gesetz drückt ein Auge zu?"
"Müßte es wohl. Im Prinzip schützt das Gesetz die Freiheit des einzelnen. Freiheit ist keine private Angelegenheit mehr zwischen Herr und Diener, sondern wird zum öffentlichen Interesse. Die unschuldig Versklavten müssen unterscheidbar sein von den freiwillig Versklavten. Auch darüber wird nicht offen

geredet. Kaufverträge von Sklaven enthalten heute meist eine Klausel, wie zu verfahren sei, sollte sich herausstellen, der angebliche Sklave ist in Wirklichkeit keiner. Eines ist klar: Aus eigener Kraft schafft Lichas seine Freilassung nie. Sein Schicksal liegt in Deiner Hand, Rufus. Du bist sein Herr."
"Ich würde ihn gerne auf dem Fuße freilassen – aber da gibt es ein Problem." Ich erzählte Pomponius Ferus von Lichas' vermutlicher Verstrickung in ein Komplott der Säumer gegen mich. "Ich habe ihn einstweilen auf dem Militärposten einsperren lassen – auch zu seinem Schutz. Ließe ich ihn frei, könnte mir das von einem scharfen Ankläger angekreidet werden als Begünstigung oder Vertuschung eines Majestätsverbrechens."
"Das ist eine vertrackte Sache, Rufus. Mit den Säumern ist nicht zu spaßen."
"Mit dem Kaiser auch nicht, Pomponius."

Über sein Verhältnis zu Rom sprach Camox ganz souverän. Er wollte mich nicht hinters Licht führen, mir vielmehr zeigen, das habe er nicht nötig. Gewiß bediente er sich der List, der Lüge, wenn es um Geschäfte oder die Macht ging. Mit mir liefen keine Geschäfte. Mich ließ er seine Macht lässig fühlen, suchte mich zu demütigen als einen Vertreter Roms, der ohnmächtig den Bergen ausgeliefert ist. Er verfolgte kein rationales Ziel. Er versuchte nicht mehr, mich über meinen Auftrag auszufragen. Als wüßte er alles. Er trieb ein Katz und Maus-Spiel mit mir, so zum Spaß. Worauf wartete er nur? Einfach, daß ich abreiste? Er sagte: Rom hat die Welt in Provinzen eingeteilt, unsere Provinz heißt Raetia, und in einer Stadt im Norden, die die Römer Augusta Vindelicorum nennen, sitzt ein Statthalter, der läßt es sich gut gehen. Das interessiert uns nicht. Wir betrachten es nicht als Schande, im römischen Reich zu leben, so lange man uns in Ruhe läßt. Wir zahlen Steuern an den Kaiser, und wenn er darauf Wert legt, erweisen wir ihm göttliche Ehren. Vergiß nicht: Wir sind offiziell auch Freunde Roms. Anders als die Völker im Westen, hat uns Rom nicht besiegt und in die Sklaverei geführt. Wir sind Geschäftspartner, wir haben einen Pakt. Ich, Camox, halte das Diebesgesindel im Zaum, habe ein Auge darauf, daß Reisende nicht meuchlings überfallen werden. Rom ist weit. Wegen ein paar Leichen in der Rufula-Schlucht unternehmen die Römer keinen kostspieligen Straffeldzug. Und vergiß nicht, Constantius Rufus: Wir trauen niemandem, auch uns selbst nicht.

1 Die Fronten an den Reichsgrenzen

Das Mogontiacum von damals, wie Avarix es beschrieb, existierte nicht mehr. Während des Aufstands der Bataver wurde die Stadt mit ihren Holzbauten eingeäschert. Das unter Kaiser Vespasian wiedererstandene Mogontiacum rühmte sich nun seiner Steinhäuser, der Thermen, der Arena, der Bibliothek, der marmornen Tempel, plätschernden Brunnen. Im Augenblick herrschte Ruhe an der Rhein-Maingrenze. Die Agri Decumates, der gallisch und germanisch besiedelte Keil zwischen Oberrhein und Oberdonau, wurde friedlich unter Kontrolle gebracht. Die Grenze zum freien Germanien verkürzte sich durch den Geländegewinn um die Hälfte und ließ sich im Ernstfall leichter verteidigen. Wie Reisende berichteten, habe sich die Landschaft stark gewandelt. Die Menschen verließen ihre Dörfer und arbeiteten auf großflächigen, römischen Gutshöfen. Die alten Siedlungen verödeten, in den zerfallenden Hütten hausten die Ärmsten, Diebesgesindel nistete sich ein. Agrimensoren waren unterwegs, um das Land für Roms Fiskus zur Besteuerung von Grundstücken zu vermessen. Mogontiacum mit seinem großen Militärlager und der Rheinbrücke nach Aquae Mattiacorum war ein strategischer Brückenkopf im Vorfeld des Chattenlands. Von Mogontiacum führte eine Straße über den Main, dann östlich nach dem Hauptort *Nida*[01], wo sich chattische und römische Händler trafen.

Im Jahre 81 standen die Chatten wieder unter Waffen. Sie fühlten sich durch die römischen Vorstöße an der Südgrenze ihres Siedlungsgebiets herausgefordert. Unbeugsam verweigerte sich dieses rätselhafte Volk den Römern. Es duldete nur den kleinräumigen Handel im Umkreis von Ortschaften wie Nida. Rührte sich irgendwo in Germanien Widerstand gegen Rom, die Chatten schlugen sich stets auf die Seite der Feinde. Domitian entschied sich für einen Präventivschlag, um den Stamm ein für allemal zur Räson zu bringen. Es war ein gewagtes Unternehmen, denn der Gegner war den Legionären taktisch ebenbürtig. In einem solchen Fall versprach nur zahlenmäßige Überlegenheit Chancen auf einen Sieg. Es war jedoch aussichtslos, die Chatten in eine offene Feldschlacht zu locken. Sie hatten den Vorteil des Geländes auf ihrer Seite. Ihr Stammesgebiet erstreckte sich über dichte, geschlossene Wälder, die Siedlungen lagen verstreut, oft nur Einödhöfe, durch Pfade lose miteinander verbunden. Trotzdem gelang es, schlagkräftige Einheiten in kurzer Zeit zu formieren, dank eines funktionierenden Botensystems. Die Römer hingegen fanden sich in den Wäldern nicht zurecht. Der Feind tauchte überraschend aus dem Hinterhalt auf, schleuderte seine Speere, verschwand wieder im Unterholz. Hinzu kam das Problem des Nachschubs: In dem dünnbesiedelten Gebiet konnten sich die Römer nicht aus dem Lande versorgen. Was sie an Vorräten mitschleppten, reichte für die Dauer einer zeitlich begrenzten Strafaktion. Die Chatten waren sich ziemlich sicher, daß sie mit den Römern schon fertig würden. Mit einem echten Krieg rechneten sie nicht. Zudem wirkte im freien Germanien die Erinnerung an die Schlacht im Teutoburger Wald fort: Der spektakuläre Sieg der Germanen über drei römische Legionen. Ein historischer Markstein, der zum Mythos wurde.

Nach der Katastrophe der Varus-Schlacht machte Rom keine Anstalten mehr, das nördliche Germanien zu besetzen. Was die Militärs stärker erschüttert hatte als das militärische Versagen eines ihrer Feldherrn, war der Vertrauensbruch des Arminius – ein Stammesfürst, ausgezeichnet mit den Insignien eines höheren römischen Offiziers. Auch Kaiser Domitian lag nichts an einer neuerlichen Expansionspolitik. Es galt, die

Grenze zum freien Germanien zu sichern und Stärke zu zeigen. Stärke nach außen, Stärke nach innen. Noch immer wähnte er sich militärisch im Schatten seines legendären Bruders Titus. Eine erfolgreiche Expedition gegen die aufsässigen Chatten bot ihm die Chance, sich endlich als Feldherr zu profilieren. Den Feldzug gedachte der Kaiser selbst anzuführen. Im März 83 war es so weit. Domitian reiste nach Mogontiacum und setzte sieben Legionen und zusätzlich Auxiliartruppen in Marsch. Bereits im Sommer hatten sich die Chatten zurückgezogen. Um sich gegen Hinterhalte zu sichern, ließ Domitian – vermutlich auf Anraten von Iulius Frontinus – breite Schneisen in einer Gesamtlänge von 120 Meilen in die Wälder schlagen, die ständig durch Patrouillen überwacht wurden. Sie reichten bis an das Kerngebiet der Chatten heran. Im Vorgriff auf einen sicheren Sieg reiste der Kaiser nach Rom zurück. Er gab sich den Titel *Germanicus*, der Senat gestand ihm widerwillig einen Triumph zu. Mit den Chatten handelte man 85 einen Vertrag aus, vermutlich mit weitgehenden Zugeständnissen seitens der Römer. Eile war geboten. Der Kaiser sah sich gezwungen, starke Truppenverbände vom Rhein an die Donaufront abzuziehen.

Die ehemaligen Militärbezirke zwischen Rhein, Main und Donau erhielten schließlich den Status von Provinzen: Obergermanien mit Mogontiacum und Untergermanien mit Colonia Agrippina als Hauptstädte. Die Bewohner waren ursprünglich Gallier, aber der Anteil an germanisierten Siedlungen nahm stetig zu. Die Grenze zum freien Germanien wurde provisorisch gesichert durch ein System von Erdkastellen, Wachtürmen, Signalstationen und einer Schneise für Patrouillengänge zwischen den *Stützpunkten*[02]. Die Besatzungen mußten aufgestockt werden. Sie rekrutierten sich aus Einheimischen, die sich in der Gegend auskannten. Germanen also, die im Notfall auch zu Abtrünnigen und Verrätern wurden und ihren Centurio über die Klinge springen ließen. Welche ungeheuerliche Einsamkeit des Nachts auf den Posten. Welche Anspannung der Nerven in diesem unheilschwangeren Schweigen der Wälder. Welch quälenden Albträume, die in einem Augenblick grausige Wirklichkeit werden konnten. Der Frieden an Rhein und Main blieb trügerisch.

Auch wenn es wahr wäre: Das fiktive Mogontiacum meiner Träume gehörte in eine andere Zeit. Der seltsame Wachtraum von der Entführung des Rothaarigen durch eine germanische Bande. Seine Flucht mit Hilfe des Mädchens mit dem hübschen Namen Alauda. Daraufhin die Vernichtung des Chatten-Dorfes durch eine römische Strafexpedition. Ein paar Jahre später auf dem Capitol der rächende Hieb des Quercus. Wie kam ich auf diesen Namen? Ich mußte herausfinden, ob ich einem Trugbild nachjagte, einer Mixtur aus Gerüchten, Neugier, Einbildung, Träumen, oder gar heimlichen Zauberspielen der Druiden und der gallischen Freunde mit meiner Phantasie. Indessen, was für einen Gewinn brächte der Nachweis von Fakten, da wir doch auch die Wirklichkeit in unserer Erinnerung nach Belieben modellieren. Wer sich mit Plato beschäftigt, weiß wie fragwürdig dem Skeptiker die sogenannte Wahrheit erscheint. Ich sollte meinem Hirn Ruhe gönnen, meinen fiktiven Lebenslauf ohne Grübeln hinnehmen. Aber wenn von Mogontiacum die Rede ist, schlägt mein Herz höher. Dieses Phänomen ist Gewißheit.

Ich hatte mich einige Wochen auf Pampinium aufgehalten. Nach längerer Abwesenheit von meinem Landgut wurde ich unruhig. Ich mußte nach dem Rechten sehen, mich aus Gründen der Autorität bei den Leuten zeigen. Es war aber auch eine Flucht aus der Stadt, die mich häufiger denn zuvor mit ihren Albträumen heimsuchte. Woher die Melancholie? War ich die Stadt leid? Alterte ich verfrüht? Oder saß der Stachel noch woanders: Priscilla hatte ihre Launen. Wir verbrachten einsilbige Stunden miteinander. Sie war aufmerksam und zärtlich, derweil sie grübelte und sich in ihr Innerstes einschloß wie eine Muschel. Es schien, sie litt unter einer diffusen Angst, die auf mich übergriff. Es gelang mir, sie zu verdrängen, wenn ich auf Pampinium weilte.

Mit Felix, dem Freigelassenen von Lentulus Corvus, hatte ich einen guten Fang getan. Er hatte die Arbeiter im Griff, war allen technischen Problemen gewachsen, hatte Ideen. Ich prüfte als erstes die Bienenkörbe: sie waren tadellos im Schuß. Im Bewässerungssystem fand ich keine undichten Stellen, keine verstopften Rohre, das Wasserreservoir war bis zur Marke gefüllt. Die beiden Alten, Simon und Judith, machten Felix jedoch Kummer. Sie nahmen ihre Entmachtung nicht so einfach hin, wie ich es mir gewünscht hätte. Recht und schlecht wie sie werkelten, war Pampinium doch immer ihr Landgut gewesen. Seine Jahreszeiten bestimmten ihren Lebensrhythmus, außerhalb geschah nichts. Ihre Freiheit schien sie nicht zu berühren. Den Akt ihrer Manumissio verfolgten sie mit sachlicher Neugier wie geladene Zuschauer. Brummelnd akzeptierten sie mich als ihren neuen Boss. Schließlich sahen sie mich nicht häufig. Mit dem neuen Verwalter Felix taten sie sich jedoch schwer. Die beiden erschienen mir melancholisch, sie sprachen mich nicht an, schützten Schwerhörigkeit vor, murmelten knappe, verdrossene Antworten. Ich hatte ihnen das Federvieh, den Kräutergarten, die Käserei und im Winter das Korbflechten gelassen. Was sie wurmte, war die Überwachung durch meinen neuen Verwalter. Felix berichtete, die Alten kämen mit der Arbeit nicht mehr richtig nach. Freilich, sie wurden älter – aber ihre Schwerfälligkeit konnte auch eine

Art subtiler Trotz sein wegen der veränderten Umstände. Felix zuckte mit den Schultern: Ihm würde schon etwas einfallen.

Zurück in Rom, besuchte ich als erstes Sosigenes. Er umarmte mich, drückte mich an sich. Besonders in der Latrine habe er sich ohne mich einsam gefühlt. Warum ich so lange weggeblieben sei? Er sah mich bekümmert aus seinen großen, dunklen Augen an:
"Ist Dir ohne Priscilla die Zeit nicht lang geworden?"
"Ich mußte mal ausspannen, Sosigenes. Erzähle doch, was gibt es bei Dir?"
"Ach, ich komme an keine Nachrichten mehr heran. Ich horche herum und höre nichts. Ich schnüffle überall und rieche nichts. Ich frage die Leute und sie wenden sich achselzuckend ab." Er schüttelte verdrießlich den Kopf: "Rom wird mir allmählich fremd. Geht es Dir ebenso?"
"Ich bin ja nicht hinter Nachrichten her wie Du."
"Wenn Du trotzdem etwas weißt, dann laß es mich wissen. Du bist mein Freund."
"Stimmt. Ich weiß aber nicht mehr als Du. Woher auch?"
"Was ist das heutzutage für ein Leben!" Er hob die Hände und spreizte die Finger: "Soll ich Dir etwas sagen? Da war es unter Nero lustiger."
"Vor allem, wenn er sang."
"Den Spruch hast Du von Martial aufgeschnappt."
"Wir müssen leiser reden, Sosigenes."

Ich gab ihm recht. Lustig war es gar nicht mehr. Vor kurzem hatte sich Domitian vom Senat die Zensur auf Lebenszeit übertragen lassen. Er war nun oberster Sittenrichter im ganzen Reich. Er wird mit dem eisernen Besen kehren, dem Schlendrian den Kampf ansagen, gegen die Korruption vorgehen, den Richtern auf die Finger sehen. Vor allem aber: den Senat

schikanieren. Aus jedem Anschein einer Verfehlung ließ sich eine Majestätsbeleidigung drehen. Die redegewaltigen Delatoren stürzen sich wie Hackvögel auf ihre Opfer. Es träfe vor allem die steinreichen Aristokraten. Wenn sie den Prozeß überlebten, ihr Vermögen wäre in jedem Fall konfisziert. Die Baustellen des Kaisers verschlangen Unsummen. Jedoch: Wir sollten uns daran erfreuen, daß Rom mit jedem Jahr prächtiger wurde. Das gehörte zur Überlebensstrategie. Diese kunstvolle Freude.
"Ich kann nicht die Hände in den Schoß legen, Rufus. Ich kann nicht untätig zusehen, wie Roms Geschichte einfach so gedankenlos weiterläuft. Irgendwann bin ich an den Rand gedrängt und stürze in den Abgrund."
"Du mußt Dich anpassen, Sosigenes. Ich sage Dir voraus, es wird noch schlimmer kommen. Richte Deine Erwartungen auf solche mageren Zeiten ein und jammere nicht."
"Wie anpassen?"
"Reden wir nicht um den heißen Brei herum: Wenn Du über Hinrichtungen ein paar Zeilen bringen willst, dann schreibe über Narren und arme Tröpfe, die es eben erwischt hat. Laß Dir etwas einfallen, warum sich der Kaiser auch von Unschuldslämmern nicht auf der Nase herumtanzen läßt. Laß die Prominenten aus dem Spiel! Ich weiß, es hört sich zynisch an. Aber wenn Du es geschickt anstellst, lesen die Leute mit Verstand zwischen den Zeilen. Traust Du Dir so etwas zu?"
"Ich hoffe, ja. Aber die Leute bleiben kaum noch stehen vor meinem Laden, um die Neuigkeiten zu lesen. Es gibt tatsächlich nichts Neues, worüber man berichten dürfte. Ich bin nicht lebensmüde. Ich melde mich in der kaiserlichen Kanzlei bei Titinius Capito, er empfängt mich liebenswürdig wie immer, er erzählt mir von den neuesten Lobgesängen des Statius und des Martial auf den Kaiser, solch einen Stuß – dann hält er

inne, schaut mich ein wenig sonderbar an, als wollte er sagen: Mein Schweigen verrät doch mehr als meine Worte..."
"Ach hör doch auf, Sosigenes", unterbrach ich ihn ungeduldig. "Du phantasierst in anderer Leute Köpfe herum, wie es dir gerade paßt."
Wunschdenken. Titinius war ein netter, literarisch gebildeter Mensch, und manche Leute fragten sich, wie kann dieser Mann Privatsekretär von Domitian sein? Wenn es Domitian gefällt, dann macht er ihn eben zu seinem Privatsekretär. Der Kaiser darf alles. Das kostete Nerven, aber Titinius Capito verdiente ganz schön dabei. Für sein Salär müßte Sosigenes in seinem Laden lange schuften. Davon abgesehen: auch mit dem Kaiser konnte man gepflegte Gespräche führen, freilich niemals ohne Zittern und Bangen. Ich las die Lobgesänge von Statius und Martial auf den Kaiser nicht. Manchmal fragte ich mich, ob Domitian das Schleimzeug las oder nur nachzählte, wie viele Zeilen es waren. Als wäre es eine Steuereinnahme. Bei den Siegesfeiern zur Unterwerfung der Chatten hatten sich die beiden Poeten wieder gegenseitig übertrumpft. Statius schrieb *De bello Germanico*[03] – natürlich in Anspielung auf Caesar's *De bello Gallico*[03]. Martial pries Domitian als *summus Rheni domitor*[03], den größten Bezwinger des Rheins. Die Verleihung der Zensur an Domitian bot freilich keinen Anlaß zu Feiern. Die Mehrheit der Senatoren hätte nicht mitgesungen, es wäre ein dünner Chor geworden. Eingeklemmt in den Schraubstock zwischen Jubel und Angst kam im Senat auch wenig Freude auf über des Kaisers fortschrittliche Administration: Verbot der Kastration von Knaben. Beschränkung des Weinbaus in Gallien, damit die italischen Winzer nicht auf ihren Amphoren sitzen blieben. An die Armen Roms wurde nicht mehr Getreide verteilt – das sich nämlich verscherbeln ließe, sondern warme Mahlzeiten ausgegeben. Bei Prozessen, die öffentlich angekündigt waren, verfiel die Frist nach fünf Jahren. Land,

für Veteranen requiriert, mußte innerhalb einer bestimmten Frist vergeben werden, andernfalls erhielt es der Eigentümer zurück. Erbschaften zugunsten des Kaisers wurden ausgeschlagen, wenn dadurch Angehörige des Erblassers unzumutbar geschädigt wurden. Schwer tat sich der Kaiser mit einer Eindämmung des Spitzelwesens. Schließlich mußte er sich selbst der Denunzianten und Ankläger bedienen, um zu Geld zu kommen.

Ich schickte mich zum Gehen an, aber Sosigenes hielt mich am Ärmel fest. "Warst Du schon am Portus Quirinus, Rufus?" Zu Zeiten von Vespasian und Titus wurde unter den Säulen lauthals diskutiert. Heute war kaum noch ein Wispern zu vernehmen.
"Nein. Da wollte ich eben hin."
"Dann hast Du es noch nicht erfahren – beim Jupiter!"
"Nun sprich schon, Sosigenes!"
"Gestern ließ Domitian seinen Cousin Sabinus Flavius hinrichten." Ich mußte mich setzen.
"Der war doch designierter Konsul. Was soll er denn angestellt haben?"
"Eine unglaubliche Geschichte geht da um: Der Herold, der Sabinus Flavius zum Konsul ausrufen sollte, versprach sich und sagte *imperator* statt *consul*. Domitian war maßlos erbost über den Versprecher, daß der Konsul versehentlich als Kaiser ausgerufen wurde. Er legte den Zwischenfall aus als Anstiftung zu seiner Beseitigung. Tatsächlich wäre ja im Falle seines Todes Sabinus Flavius dynastisch des Kaisers Nachfolger geworden."
"Das sieht mir aus wie eine Inszenierung. Unter einem läppischen Vorwand schafft sich Domitian einen möglichen Usurpator vom Halse…"

"Still, nicht so laut! Nicht zu vergessen, Rufus: Der Cousin war auch der Mann von Iulia, mit der der Kaiser intime Beziehungen pflegen soll. Ob das stimmt?"
"Du zweifelst, weil Iulia die Nichte Domitian's ist? Ha, ha, ha!"
"Lies die Kritzeleien an den Hauswänden: Das Volk empört sich darüber, der Kaiser unterhalte ein inzestuöses Verhältnis mit einer Blutsverwandten. Für alle anderen jedoch setze er strenge moralische Maßstäbe."
"Dann denke an das Sprichwort: *Quod licet Iovi, non licet bovi!*"

Britannien lag an der nördlichen Peripherie des Reiches. Jenseits der westlich benachbarten Insel Hibernia[0.] Diese war größer als Sizilien oder Sardinien, jenseits dehnte sich der unmeßbare Okeanos. Ab hier wurde die Wirklichkeit zur Fabel. Eine römische Flotte umschiffte die Insel Britannia, erhaschte sogar einen Blick auf das ferne Thule. Dann setzte Iulius Caesar seinen Fuß auf britannischen Boden. Erst mit Kaiser Claudius begann die systematische Eroberung. Die Einverleibung in das römische Imperium wurde vorangetrieben unter Vespasian, der erst den fähigen Petilius Cerialis, danach Iulius Frontinus auf die Insel schickte. Letzterer wurde durch Gnaeus Iulius Agricola abgelöst. Bis auf die Landschaft Caledonia[05] im Norden war die Insel jetzt unter römischer Kontrolle. In Rom verspeisten die Wohlhabenden Austern aus Britannien, und britisches Zinnerz wurde für die Herstellung von Bronze verhüttet. Im fünften Jahr des Feldzugs besetzte Agricola die Westküste mit Blick auf die Insel Hibernia. Römische Kaufleute hatten die Küstenregion gegenüber Britannien erkundet, konnten sich mit den Bewohnern in einem gallischen Idiom verständigen. Die Bevölkerung schien in keiner Weise von den Britanniern verschieden Das Gelände war flach, das Klima milde, die Landschaft durch den häufigen Regen saftig grün. Eine Legion mochte genügen, die Insel Hibernia unter das Zepter Roms zu zwingen. Dann könnte sich Agricola wieder dem schwierigeren Caledonia zuwenden. Eine schöne Abrundung des Römischen Imperiums. Und ein hervorragender Platz in der Geschichte, den er jetzt noch mit Petilius Cerialis und Iulius Frontinus teilen mußte. Solchen Träumen des römischen Feldherrn setzte Kaiser Domitian ein abruptes Ende: Er untersagte die Fortsetzung aller militärischen Aktionen in Britannien, die weiteren Gebietsgewinn zum Ziel hatten. Agricola rief er zurück nach Rom. Frontinus ließ über den alten Kämpen und Kollegen nichts kommen. Er sagte: Agricola tat als mein Nachfolger gute Arbeit in Britannien. Er sicherte die Präsenz Roms im Norden, indem er an neuralgischen Punkten Kastelle anlegte und Straßen baute. Er wußte auch, wie wichtig bei solch einer zerklüfteten Küste die Beherrschung der Gewässer war. Er forcierte die Romanisierung der Provinz, wenn er der Oberschicht die Erlernung des Lateinischen und die Übernahme römischer Sitten nahelegte. Warum ihn der Kaiser zurückrief? Na, dann denk mal nach!

Ich hatte mir vom Hörensagen ein bestimmtes Bild von Agricola gemacht, dem ich persönlich nie begegnet war. Meine hauptsächliche Quelle der Information war Cornelius Tacitus: Er war der Schwiegersohn des Feldherrn. Tacitus gab zu, Agricola war streng und aufbrausend, doch nicht nachtragend, und wenn er einen Subalternen heruntergeputzt hatte, war die Sache erledigt. Er duldete keinen Schlendrian, und geriet nicht in das Zwielicht von Bestechlichkeit. Was man ihm übelnahm, waren seine Sturheit und sein rechthaberisches Gebaren. Der kühl kalkulierende Domitian hatte alle militärischen Aktivitäten auf der Insel eingestellt. Das war de facto das Ende von Agricola's Karriere als Feldherr. Es traf ihn tief, und Tacitus war empört. Manche Sprüche seines Schwiegervaters zeigten bereits die Patina des Mythos: *Es wäre nicht un-*

rühmlich, an diesem Grenzpunkt der Welt und der Natur zu fallen, rief der Feldherr seinen Soldaten vor der letzten Schlacht zu, die er in Britannien schlagen sollte. Der Schauplatz war der Rand der römischen Welt, freilich Hibernia und Caledonia fehlten noch, im Grunde aber waren die Grenzen des Reiches im Nordwesten erreicht: die Wasser des immensen Ozeans. Ob aus rhetorischer Taktik oder Überzeugung erklärte der Feldherr: *Der Feind ist kein ernst zunehmender Gegner mehr, die Tapfersten in vorausgehenden Kämpfen gefallen, die Feigen übrig geblieben, schon das Feldgeschrei wird sie verscheuchen, und sie verstehen sich am besten auf die Flucht....* Tatsächlich stellten sie sich nicht der Schlacht, sondern wurden in Schlupfwinkeln aufgespürt und niedergemacht. Ihre Waffentechnik war ungeschickt, im Nahkampf waren sie den Römern nicht gewachsen. Die Schlacht artete aus zu einem abstoßenden Gemetzel an den unterlegenen Britanniern. Am Ende hörte man nur das Klagen der Frauen und Männer, als die Toten und Verwundeten eingesammelt wurden. Die Römer feierten fröhlich ihren Sieg. Sie schätzten die Verluste der Feinde auf 10000 – zweifellos übertrieben – ihre eigenen auf 360. Kundschafter berichteten von verödeten Landstrichen, brennenden Hütten, Menschen, die gegenseitig Hand an sich legten, um Schmach und Not zu entrinnen. Der Sieg war total. Die Schande auch.

Cornelius Tacitus' Gefühle für Agricola waren echt. Er zitterte vor Wut, als er von der Abberufung seines Schwiegervaters aus Britannien erfuhr. Sein Urteil war geprägt von den überlieferten römischen Tugenden der Tapferkeit, Disziplin, Einfachheit. Agricola war für ihn der gute Mensch, der wahrhaftige Römer schlechthin – eine heutzutage seltene Kombination. Auch vertrat er den imperialen Anspruch Roms auf die ganze bekannte Welt. Agricola war für Tacitus das Maß aller Dinge. Er übersah, daß man mit Tugend und Tapferkeit allein das

Riesenreich – anders als einst die sieben Hügel – nicht mehr regieren konnte. Es wurden Profis gebraucht, korrupt oder nicht: Hauptsache, sie verstanden ihr Handwerk. Und wer könnte abstreiten, daß unter Domitian die Verwaltung des Reichs gut funktionierte? Tacitus' schwelender Haß gegen Domitian hatte jetzt eine klare Stoßrichtung: Das Unrecht, das der Kaiser seinem Schwiegervater antat. Tacitus hielt den Rückruf Agricolas schlicht für eine Katastrophe. Er verschloß sich hartnäckig dem Argument staatsmännischen Abwägens. Er setzte die isolierten, militärischen Erfolge des insular denkenden Feldherrn in Beziehung zu dem wechselhaften Kriegsgeschehen an der Donaugrenze. Die dort operierenden Militärs schmähte er allesamt als unfähig – ohne freilich Namen zu nennen. Sie würden der Lage nicht Herr werden. Tacitus mochte recht haben, nur war der dakische König Decebalus ein ganz anderes Kaliber als ein britannischer Provinzfürst.

Tacitus und ich gerieten heftig aneinander. "Es ist doch ein einfaches Rechenexempel: Die Anzahl der Legionen reicht nicht für alle Kriegsschauplätze aus", beharrte ich. "Die Sicherung der Grenzen vom Atlantik bis zum Schwarzen Meer hat Vorrang vor territorialer Expansion."
"Das Gerede kenne ich", gab Tacitus ärgerlich zurück: "So denkt kein Römer. Ginge es nach Deiner Strategie, wäre Rom heute noch ein Bauerndorf aus Holzhütten." Er fixierte mich voller Mißtrauen: "Hoffentlich habe ich mich nicht zu freimütig geäußert. Na wenn schon! Schicksal!" Er zuckte verächtlich mit den Schultern. Das Blut schoß mir ins Gesicht vor Scham und Zorn:
"Höre zu, Cornelius Tacitus! Solltest Du mich für jemanden halten, der Dich aufs Glatteis führt und dann dem Kaiser verrät, so sei unbesorgt. Ich bin kein Informant. Es ist nur so: Ich habe keinen Schwiegervater, der sich der Staatsräson beugen

muß und das als persönliche Kränkung empfindet. Ich bin ein freier Mann, der seine Meinung sagt. Frei sein heißt auch, ich bin zwar dem Kaiser als Untertan zu Loyalität verpflichtet, erwarte aber keine Gefälligkeiten von ihm. Du verstehst? Willst Du wirklich gegen das Unrecht protestieren, das Deinem Schwiegervater Agricola vermeintlich widerfuhr, dann verzichte auf Deine Ämterlaufbahn und ziehe Dich aufs Land zurück! Verzeih mir meine Offenheit!"

Vielleicht haßte mich Tacitus jetzt, er schien aber mit sich zu kämpfen. Nach kurzer Besinnung sagt er: "Der römische Staat wird nicht allein durch den Kaiser repräsentiert. Noch haben wir einen Senat."

"Du trauerst einem Senat nach, den es seit den letzten Bürgerkriegen so nicht mehr gibt."

"Du hast leicht reden, Rufus. Du besitzt nicht einmal das römische Bürgerrecht. Ich aber trage politische Verantwortung. Soll man die Dinge einfach treiben lassen, zusehen, wie der Staat verkommt?"

"Es steht mir nicht zu, Dich zu belehren: Aber dieser Staat verkommt nicht. Die Verwaltung funktioniert. Das ist die Praxis. Du hast stets die alten römischen Tugenden im Munde. Nun gut, das ist Deine Sache. Alle Senatoren pochen ja darauf, pflichtschuldigst. Was hast Du eigentlich vor? Willst Du gegen die Masse der Opportunisten Front machen? Und willst Du Dich dabei dem Häuflein weltfremder Stoiker anschließen? Dann endest Du schnell im Exil oder unter dem Schwert. Du weißt, der Kaiser mag die sogenannten Philosophen nicht."

"Was rät mir dann der Mann aus dem Volk?" Tacitus sah mich spöttisch an. Ich gab ihm den Blick mit gleicher Verachtung zurück:

"Da Du doch Deine politische Karriere fortsetzen willst, Cornelius Tacitus, wirst Du schon mit den Wölfen heulen müssen. Es muß ja nicht laut sein. Du bist noch nie ernsthaft in Schwie-

rigkeiten geraten, also kennst Du doch die Spielregeln. Wer könnte Dich zwingen, Bestechungsgelder anzunehmen? Niemand. Du kannst Dein Leben lang ein Senator voller Anstand und Würde bleiben. Aber wisse: Die Feinde Deiner hochgesinnten Moral sitzen in eben jenem Senat, nicht auf dem Palatin. Der Kaiser kann nicht Dein persönlicher Feind sein. Dazu bist Du als einzelner zu gering für ihn. Sei froh, wenn die Latte, nach der Du gemessen wirst, nicht bis zur Todesstrafe reicht."
"Ich bin nicht Helvidius Priscus, Vater oder Sohn. Ich spreche nicht für Einfalt und Torheit."
"Cornelius Tacitus: Ich stimme Dir bei. Ich verachte die egomanische Sehnsucht nach dem politischen Tod. Ich bin Dir wohlgesonnen – gewiß, ein Mann aus dem Volk, der so etwas sagt, und völlig unbedeutend für Dich. Aber höre doch: Es wäre vermessen und anachronistisch, jetzt noch am Prinzipat zu rütteln."
"Ich danke Dir."
"Nimmst Du es krumm, daß ich mit Dir so aufrichtig gesprochen habe?"
"Wäre es wichtig für Dich?"
"Ich meine schon. Auch wenn Du es nicht glaubst: Als Plebeier, für den Du mich vielleicht hältst, habe ich meinen Stolz, genau wie Du." Er verharrte eine Weile, als müßte er sich bezwingen. Dann rang er sich durch:
"Rufus, unser Streit ist nicht persönlich. Wir leben beide in einer schwierigen Zeit. Das sollte alle bitteren Worte entschuldigen." Auch das war Tacitus.

Agricola schmerzte, daß ihm vom Senat kein Triumph gewährt wurde – anders als Domitian nach seiner Rückkehr aus dem Chattenland. Verständlich, daß er seine militärischen Leistungen in Britannien für überragend hielt, des Kaisers

Geplänkel an der Rhein-Maingrenze hingegen für eine Marginalie. Wagte er sich mit dem Kaiser zu messen, dies womöglich jenem noch anzudeuten? Feingefühl konnte man von Domitian nicht erwarten. Wer so naiv war, mußte sich die Ernüchterung selbst zuschreiben. Zum Empfang auf dem Palatin wurde Agricola zu nächtlicher Stunde geladen, wie es der Kaiser zu halten pflegte. Man reihte ihn in das Gefolge der Senatoren ein, eine kühle, knappe Umarmung war alles, was ihm der Kaiser an Sympathie zukommen ließ. Domitian nahm den Bericht des Agricola zur Kenntnis. Er gab sich heiter und wirkte doch besorgt. Er hatte längst über die Politik in Britannien entschieden: Konsolidierung, nicht Expansion. Mochte er im Kopf noch einmal überschlagen, wie teuer das Reich für die importierten Austern und das Zinn der Bronzelegierung bezahlt hatte.

Tacitus hatte für das Stirnrunzeln des Princeps eine andere Erklärung: Neid auf den Feldherrn, der sich auf Britanniens Schlachtfeldern wacker geschlagen hatte. Dem man in den Straßen Roms lärmend huldigte, wie zum Hohn auf den Triumph des Kaisers vor zwei Jahren nach dem geglückten Feldzug gegen die Chatten. Man munkelte damals von Manipulation. Süffisant wurde unter des Kaisers Feinden kolportiert, Domitian habe Zivilisten gemietet und als Gefangene herausgeputzt, um seinen Sieg auffälliger zu gestalten. Gewiß, auch Tacitus hatte recht: Domitians gramvoller Neid auf die militärischen Erfolge anderer war bekannt. Es begann mit des Bruders Titus Sieg über Jerusalem im Jahre 70. Das war nun geschriebene, kanonisierte Geschichte dank des Hofhistorikers Flavius Josephus. Wer fragte noch danach, ob die Eroberung Jerusalems professioneller Strategie und Taktik folgte – man lese bei Flavius Josephus zwischen den Zeilen, um zu erkennen, was bei der Belagerung alles schief gelaufen war. Und wie wichtig war eigentlich Jerusalem für das Reich? Domitian trug die ungleich schwerere Bürde, eine Reichsgrenze von einigen tausend Meilen am Rhein und an der Donau gegen allzeit aufstandsbereite Chatten und Daker zu verteidigen. Agricola wurde mit einer bekränzten Ehrensäule abgespeist. Das vage Versprechen eines Kommandos in Syrien wurde niemals eingelöst. Im übrigen wurde Agricola von Domitian in Ruhe gelassen. Während seiner langen Krankheit ließ der Kaiser jedoch häufiger nach ihm sehen, wohl weniger aus Fürsorge, als um nicht den Eindruck der Feindseligkeit zu erwecken. Agricola mit seinem hohen Ansehen im Senat ließ sich nicht für die Fronde gegen das Prinzipat gewinnen. Er schluckte die Enttäuschung, hielt sich politisch zurück, leistete als kühler, loyaler Militär dem Kaiser Gefolgschaft. Damit erwies er auch seinem Schwiegersohn Tacitus einen Dienst, der seine Karriere ungebrochen unter Domitian fortsetzen konnte.

Agricola starb im September 93, und so blieben ihm die schlimmsten Jahre unter Domitian erspart. Ohne Zweifel, manch ein angesehener Patrizier neidete dem Agricola seinen Tod. Die Kurie mit den Senatoren, war umstellt von Prätorianern, auf die sich Domitian stets verlassen konnte. Viele ehemalige Konsuln wurden auf einen Schlag ermordet. Hochedlen Frauen drohte Landesverweisung, oder sie suchten gleich ihr Heil im der Flucht. Nero befahl seinerzeit Verbrechen, wollte indessen kein Zeuge sein. Bei Domitian fanden die Aburteilungen öffentlich statt. Es hieß, wer seinen Zorn, seine verdeckte Schamesröte, herausforderte, sei schon dem Tode ausgeliefert. Stimmte das wirklich? Ich neigte zum Zweifeln, wissend, daß ich mir etwas vormachte. Im Jahre 89 hatte Cornelius Tacitus Rom verlassen und kehrte erst 93 wieder zurück. Sein Schwiegervater war schon tot. Selbst Tacitus stellte fest, es habe keine Anzeichen von Giftmord an seinem Schwiegervater gegeben – trotz gewisser Gerüchte. Offiziell nahm der Kaiser das Ableben Agricola's mit Schmerz zur Kenntnis. Er wurde als Miterbe eingesetzt – sollte er günstig für Tacitus' Karriere gestimmt werden? Domitian fühlte sich jedenfalls geehrt.

Ob es Tacitus tatsächlich am Verständnis für die Verteidigungspolitik mangelte, oder er sich nur in seiner trotzigen Haltung gegenüber dem verhaßten Princeps verbunkerte, vermag ich nicht zu beurteilen. Der Vorwurf des Opportunismus folgte ihm wie ein Schatten. Er predigte republikanische Tugenden und ließ sich ungeniert vom flavischen Kaiserhaus in seiner Karriere fördern. Bei dem Hausvater Vespasian und dem Sonnenschein Titus mochte man noch ein Auge zudrücken, bei einem kalten Tyrannen wie Domitian geriet Tacitus in Erklärungsnot. Mein Rat, sich aufs Land zurück zu ziehen und abzuwarten, war nur rhetorisch gemeint. Der Kaiser war um wenige Jahre älter als er, mit dessen natürlichem Ableben war demnach kurzfristig nicht zu rechnen. Was sollte er also tun? Tacitus ließ sich für einige Jahre in die Provinz versetzen. Peinlich, daß prominente Senatoren auch öffentlich zu ihrer republikanischen Ideologie standen und etliche dafür mit dem Leben büßten. Sie gehörten der stoischen Schule an: der ältere Helvidius Priscus bereits unter Vespasian hingerichtet, sein Sohn unter Domitian, und desgleichen Herrenius Senecio und Arulenus Rusticus. Auch die Geschichte des Corellius Rufus ließ aufhorchen: Er litt an schwerer, schmerzhafter Gicht, schwor sich jedoch, den Tyrannen Domitian wenigstens um ein paar Tage zu überleben. Dies sollte ihm gelingen. Dann erst setzte er mit einem freiwilligen Hungertod seinem Leiden ein Ende. Die strammen Vertreter der aristokratischen Republik, als Exzentriker und ewige Nörgler nicht populär, sie boten der Tyrannei die Stirn. Das zählte im Augenblick.

Tacitus war nicht der Typ des Opportunisten. Er vermied es, den Denunzianten unliebsam aufzufallen, und dafür konnte er anführen: Wenn wir uns alle umbringen lassen, bleiben nur noch die Schurken übrig. Immerhin ermöglichte ihm seine Funktion als Verteidiger, ebenso wie Plinius, auf Gerichtsprozesse einen mäßigenden Einfluß zu nehmen. Das galt freilich nicht für die *maiestas*, die des Kaisers beschlossene Sache war. Für die Freunde war erkennbar, wie auch Tacitus unter dem Terror litt. Da war stets die persönliche Angst im Spiel, für ihn war aber auch sein konservatives Bild vom Imperium Romanum zerbrochen. Zwischen zusammen gebissenen Zähnen war über Rom nur Düsteres von ihm zu hören. An Rhein-Main und Donau käme das Reich nie zur Ruhe. Der Druck der barbarischen Völker nähme ständig zu. Eines Tages würden sie in einem Gewaltstreich die schwachen Grenzposten schlicht überrennen. Über der Stadt laste ein bleierner Himmel, die Stimme des Volkes wage nur hinter vorgehaltener Hand zu flüstern. Die Götter seien nicht um unsere Sicherheit, sondern allein um unsere Züchtigung bemüht. Es drängte ihn zu publizieren, aber ungefährdet hätte er allenfalls über Bienenzucht oder Gartenbau schreiben können.

Für seinen Freund Plinius war die Lage weniger problematisch. Die Frage Republik oder Prinzipat stand für ihn nicht zur Diskussion. Er hatte unter der Fuchtel seines Onkels, des Admirals Plinius, ausreichend von den alten römischen Tugenden zu kosten bekommen. Sein Bedarf war gedeckt. Er trauerte dem immer wieder beschworenen Geist der Republik nicht nach. Er war Pragmatiker. Gut ist, was dem Vaterland nützt. An der kaiserlichen Verwaltung ließ sich nicht viel aussetzen. Eher empfand er die Unsummen an Geld, die die zahlreichen Bauprojekte verschlangen, als persönliche Bedrohung. Plinius war reich, und so mußte er als Anwalt vorsichtig taktieren. Über seine Kollegen bei Gericht, die ihm gern an den Kragen gingen, sprach er ganz offenherzig. Manchmal standen uns die Haare zu Berge, aber er schien ein Liebling der Götter – und so sah er das auch.

Plinius' Freundschaft mit Tacitus gab mir Rätsel auf. Soweit ich aufgrund weniger Schriftstücke urteilen kann, war Tacitus der begabtere Literat. Er schrieb spannend, er reflektierte klug über Geschehnisse und Zusammenhänge, und vor Gericht war er ein eloquenter Redner. Wenn er sich ein Thema zur Brust nahm, dann schien der Mann in einem hellen Licht zu glühen. Ich fragte mich, ob ich wegen dieser Aura immer wieder seine Nähe suchte, obgleich es mit ihm zu heftigen Wortwechseln kommen konnte. Seine Ansichten schienen oft anfechtbar, er ließ sich von Emotionen mitreißen, aber ich spürte felsigen Grund bei ihm und konnte ihm vertrauen. Plinius, um ein paar Jahre jünger, bewunderte und verehrte Tacitus. So schrieb er ihm:

Du lobst dich zwar selbst nicht, aber ich schreibe nichts mit größerer Aufrichtigkeit, als wenn ich über Dich schreibe. Ob uns die Nachwelt irgendeine Beachtung schenken wird, weiß ich nicht. Wir verdienen sicherlich eine solche, ich will nicht sagen wegen unserer Begabung – denn das wäre überheblich – vielmehr wegen unseres Eifers, unserer Bemühung und unserer Achtung vor der Nachwelt. Wir wollen also nur auf dem begonnenen Wege weitergehen, der zwar nur wenigen Glanz und Ruhm gebracht, aber so viele aus Dunkelheit und Vergessenheit herausgeführt hat.

Plinius sprach von *wir*. Zuweilen diente er sich in seiner unbekümmerten Art dem Älteren als gleichrangiger Schriftsteller an, nannte ihn aber deutlich sein Vorbild. Tacitus griff zwar vehement Zustände an, die ihm nicht paßten, differenzierte bei Menschen indessen umsichtig und nahm Plinius so wie er war. Als Literaten hatten sie nichts gemein. Plinius schrieb detailgenau, hatte ein romantisches Faible für die Landschaft und ihre Mysterien, reflektierte allerdings kaum über seine Beobachtungen, wirkte ein wenig oberflächlich, manchmal schwatzhaft. Er war ein netter Kerl, hochherzig, niemals intrigant – wie sollte ihn Tacitus nicht schätzen. Es waren zwei diametrale Charaktere, aber ehrlich und verläßlich, beide unentbehrlich für den Fortbestand römischen Geistes. Sie wußten das, und deshalb waren sie Freunde, gerade in den Zeiten der Prüfung. Plinius' kindliche Eitelkeit – damit wurde man schon fertig. Es war sein Charme, daß er sich selbst nicht todernst nahm.

Plinius war wißbegierig und schaute ab und zu in unserer Direktion vorbei, um sich über die Techniken der Wasserversorgung zu instruieren. Ich fragte ihn, mehr zum Spaß, ob er eine Karriere als Wasserdirektor anstrebe. Er lächelte und murmelte: wer weiß? Er meldete sich bei Acilius Aviola, der ihn umarmte und mit überschwenglicher Herzlichkeit willkommen hieß. Der Empfang bei Iulius Frontinus, wenn zufällig anwesend, war nüchterner. Nach einer knappen Begrüßung überließ er Plinius mir oder dem Oberröhrenmeister. Daß die beiden wenig Sympathie füreinander empfanden, mochte an dem Altersunterschied von fast dreißig Jahren liegen. Meinem Chef ging Plinius' umtriebiges Wesen auf die Nerven. Plinius wiederum stieß sich an der zuweilen statuenhaften Selbstgefälligkeit des alten Haudegens. Ich suchte zu vermitteln, aber eigentlich konnten mir deren Animositäten egal sein. So bat Plinius in einem trivialen Erbschaftsprozeß Frontinus und den schon schwer gichtkranken Anwalt Corellius als Gutachter zu Rate, vermutlich um den Kläger mit den gewaltigen Figuren des römischen Patriziats zu beeindrucken.

Er führte jedoch, flankiert von den beiden gelangweilten, alten Herren das große Wort. Unbewußt zog Plinius Parallelen zu dem einschüchternden Idol seines Onkels, des Admirals der misenischen Flotte, und schien sich posthum mit ein wenig Auftrumpfen dagegen wehren zu wollen.

Zuweilen ging er selbst mir auf die Nerven. Ich bitte um Verständnis: Ich habe mit lecken Wasserleitungen, Feuersbrünsten, stürzenden Mauern zu tun. Für Plinius schienen jedoch auch Grabmäler besonders wichtig. Vermutlich hat er von dem vorliegenden Fall schon allen prominenten Freunden erzählt, bevor er damit zu mir kam. Ich wußte jedenfalls davon, gewiß auch Iulius Frontinus.
"Rufus, Du weißt ja, der Nachruhm des Römers ist Bestandteil seines Lebens. Er überlegt sich lange vor seinem Tod, wie er seine letzte Ruhestätte gestaltet und mit welchen Worten er sich von der Nachwelt verabschiedet. Nun denke, was sich Verginius Rufus ausgedacht hat: *Hier liegt Rufus, der einst den Vindex besiegte, die Herrschaft aber nicht für sich beanspruchte, sondern für sein Vaterland.* Was sagst Du dazu?"
"Nun, man sollte Grabinschriften nicht zu ernst nehmen. Sie sind für kommende Generationen gedacht, nicht für Zeitgenossen, die den Wahrheitsgehalt einer Inschrift noch beurteilen können. Worauf willst Du hinaus, Secundus?" Verginius war einst Gouverneur im Militärbezirk Obergermanien.
"Daß Verginius Rufus ein Recht darauf hat, auf seinem Grabstein auf seine Verdienste hinzuweisen, und mehr noch – auf seinen Verzicht: Die Truppen wollten ihn zum Kaiser ausrufen, und er hat abgelehnt."
"Wem mißfällt denn seine Grabinschrift?"
"Ich weiß nur, daß sie Iulius Frontinus nicht gefällt."
"Erkläre mir das, bitte!"

"Frontinus sagt, er wünsche sich einen schlichten, billigen Grabstein. Ohne eine Erinnerung an seine Verdienste für Volk und Vaterland."
"Nun, wenn das sein Wille ist?"
"Er sagt, seine Verdienste seien ohnehin allgemein bekannt, er habe es nicht nötig, sie auf einem Grabstein zu verewigen. Wirst Du mir nicht beistimmen, Rufus, daß des Iulius Frontinus' Hochmut größer ist als jener des Verginius Rufus?"
Ich konnte mir ein Schmunzeln nicht verkneifen. Nach dem Tode von Plinius' Vater wurde Verginius Rufus zum Vormund von Plinius bestimmt. Offenbar faßte Plinius zu Verginius eine innigere Zuneigung als zu dem strengen Onkel Admiral.

Abb 45 Die Donaugrenze im Osten

2 Porta Capena

Ich habe Tagebuch geführt, zunächst über meine persönlichen Angelegenheiten. Dann fing ich an, meine Erfahrungen als Ingenieur im Bau- und Wasserwesen niederzulegen. Die Weitergabe von Fachwissen an die nächsten Generationen halte ich für eine Pflicht. Könnte unsere zivilisierte Gesellschaft heute auf Vitruvius, Columella, Celsus verzichten – um nur einige erlauchte Namen zu nennen? Im Baugewerbe ist es auch ein Appell an die Moral. Ob die Mietshäuser dadurch sicherer werden, ist freilich zweifelhaft. Nur schweigen darf der Fachmann nicht. Plinius, um zehn Jahre jünger als ich, sprüht förmlich vor Begeisterung, wenn er von seinen eigenen Werken redet – sie müssen nur noch geschrieben werden. Und es macht ihm schon jetzt arges Kopfzerbrechen, ob für die Nachwelt seine *Reden vor Gericht* oder die *Briefe* an seine Freunde von größerer Bedeutung seien. Ich war voreilig, als ich meinem Chef gegenüber meine literarischen Ambitionen erwähnte. In seiner ruppigen Art ließ mich Frontinus wissen, es sei seine Sache, über Wasser, Mauern und Feuer zu schreiben, und ich verbrächte besser meine Zeit mit der Reparatur der Wasserleitung an der Porta Capena, und wenn mir dazu nichts einfiele, dann sollte ich es – beim Jupiter! – eben weiter tropfen lassen, bis er, der gewesene Konsul Sextus Iulius Frontinus, zum Gespött der Leute geworden sei, dank der Bosheit jenes hinterhältigen Federfuchsers Juvenal, vor allem aber wegen meines mageren Verstandes, der mir nicht einmal erlaube, ein Loch an der Porta Capena zu stopfen, aus dem Leckwasser sickere. Was war in ihn gefahren? Aha, auf dem Tisch lag ein verdächtiges Blatt. Es war eine Satire von Juvenal, und da war die Rede von der *nassen Capena*. Frontinus' Zorn war so gewaltig, daß ein Funke auf mich übersprang.

Dieses Mal gab ich nicht klein bei, indem ich nickte, verschwand, den Streit vergaß. Oft hatte der Alte ja recht, dieses Mal aber nicht.

"Vielleicht entsinnst Du Dich, Julius Frontinus, wie der Kaiser entschieden hat: Du führst die Oberaufsicht über die Gewässer Roms, um Verluste durch Bauschäden und kriminelle Entnahmen zu minimieren. Regelmäßige Inspektionen, Wartungs- und Reparaturarbeiten sind jedoch Angelegenheit der Wasserdirektion. Ich bin als Dein Untergebener nicht der richtige Mann, um Löcher in einem Aquaedukt zu stopfen. Kreuzte ich mit einem Bautrupp bei der Porta Capena auf, dann wäre Acilius Aviola der erste, um Dich und mich bei Domitian anzuschwärzen."

Widerspruch reizte ihn, und sein Gesicht war rot vor Erregung, aber mein Argument leuchtete ihm wohl ein. Natürlich teilte er meine Ansichten über die Baumoral – jedoch der Mann der Feder, das war natürlich er, der gewesene Konsul und Feldherr, der auf den Thron in der Wasserdirektion spekulierte.

"Verdammt, was für eine Blamage", zischte er. "Was nun?"

"Mein Vorschlag: Du schickst dem Kollegen Wasserdirektor einen Brief: Es ist bekannt, daß an der Porta Capena die Aqua Marcia..."

"Halt", unterbrach er mich und brüllte: "Schreiber!" Der kam atemlos in das Büro gerannt, hatte das Wachstäfelchen schon auf dem Schoß, den Griffel zwischen den Fingern. "Weiter!"

"Also gut: An den *Curator Aquarum, Acilius Aviola...*" Ich diktierte einen kurzen Text: *Das Gerinne der Aqua Marcia ist an der Porta Capena schadhaft und muß dringend ausgebessert werden. Durch den Austritt von Wassermengen ist die Umgebung am Tor versumpft. Dies führt zu Behinderungen der Lastkarren, die hier am Abend parken. Bei rechtzeitiger und sorgfältiger Wartung hätte der Schaden nicht das jetzige Ausmaß erreicht.*

Jetzt war Frontinus zufrieden, denn er verabscheute Acilius Aviola als korrupt und unfähig. Vor allem aber mißgönnte er ihm den höchsten Posten in der Wasserverwaltung. Die Abneigung war gegenseitig: Auch Aviola haßte Frontinus, sah aber kaum eine Möglichkeit, ihn loszuwerden. Immerhin hatte sich Frontinus eigenmächtig in dem Gebäude der Wasserdirektion einquartiert. Als der Brief geschrieben war, brachte ihn ein Bote sogleich in das Büro des Curator Aquarum, ein paar Zimmer weiter. Er war natürlich nicht da.
"Ist die Reparatur schwierig?" fragte mein Chef.
"Ja. Einfach flicken mit wasserfestem Beton, das bringt nichts mehr. Die Aqua Marcia muß umgeleitet, das ganze Mauerwerk an der Schadstelle erneuert werden. Das können sie nicht allein machen."
"Ja", triumphierte Frontinus, "da hätte er zu mir kommen müssen, der Kollege, sich Rat holen. Wie peinlich. Er schiebt Probleme einfach auf die lange Bank."
"Wenn der Kaiser einen schlechten Tag hat, kann die Porta Capena der Tropfen sein, der das Faß zum Überlaufen bringt."
"Meinst Du?" fragte Frontinus lauernd.
"Ich frage mich", scherzte ich leichthin, "was ihm passieren könnte: Verbannung, Giftbecher, Enthauptung. Angemessen wäre, ihn im Tiber zu ersäufen. Er ist doch Wasserdirektor."
"Sei still. Wir wollen nicht übertreiben. Du weißt, das könnte mir genauso passieren."
"Die Zeiten sind nun einmal so, Iulius Frontinus." Es dauerte allerdings noch bis zum Jahre 97, als Aviola starb und Frontinus endlich in das Büro des Wasserdirektors einziehen durfte.

Warum ich Frontinus trotz des dornigen Umgangs mit ihm mochte, will ich erklären. Er hatte ja auch seine verträglichen Tage, und mit ein wenig Honigpinseln ließ sich der guten Laune nachhelfen. Ich akzeptierte ihn stillschweigend als eine

Vaterfigur, da ich selbst erinnerlich keinen Vater kannte – und konnte ich mir einen besseren wünschen? Einen Mann mit kritischem, präzisen Verstand, Techniker von der Fingerspitze bis zur Zehe, der wußte, wie man den Durchmesser von Rohren berechnet, wenn ein bestimmtes Wasservolumen pro Stunde durchfließen soll. Ein Mann, der all den windigen Wasserschwindlern in Rom das Handwerk legen wollte, und der selbst absolut unbestechlich war. Da laßt mal Diogenes[08] mit seiner Laterne auf der Agora von Athen nach einem zweiten Iulius Frontinus suchen! Viel Glück!

Daß es zu dem Ärger wegen der Porta Capena kam, ist einem Streit zwischen Juvenal und mir in der *EPONA*-Kneipe zu danken. Das heißt, den Streit hatte Juvenal vom Zaun gebrochen, das war so seine aggressive Art. Er gab dann keine Ruhe, bis man ihm eines auf die Schnauze haute. So hatte es angefangen: Die Tür knallte zu, und als Juvenals Gesicht im wabernden Kneipendunst auftauchte, warf Avarix einen raschen Blick in die Runde seiner Gäste: ob er unter ihnen einen Denunzianten erkannte. Unangenehme Vertreter der Zunft, vor denen man sich lieber in acht nahm, besuchten selten die *EPONA*-Kneipe. Leute, die an Amtspersonen, meistens Praetoren, kompromittierende Informationen weitergaben, waren stadtbekannt – sie verpetzten sich auch gegenseitig mit großem Vergnügen – und Avarix ließ sie deutlich spüren, sie seien ihm nicht willkommen. Kamen sie trotzdem, stopfte Avarix ihnen mit ein paar Denaren das Maul. Die harmlosen Angeber, die eifrig die Stadtpolizei unterstützten, durften Avarix' Gastfreundschaft genießen. Sie glichen den Aasgeiern und streunenden Hunden, sie halfen Ordnung halten in den übervölkerten Gassen der Subura.

Der Dichter Juvenal, Gott sei Dank, besuchte selten die *EPONA*-Kneipe. Wenn er aber kam, führte er wie auf einer Bühne das große Wort. Er hatte vorher schon einige Popinae abgegrast, sein Blick war glasig, er guckte sich in der Runde um, welches Gesicht ihm nicht paßte. Das nahm er sich zum Ziel für seine gehässigen Ausfälle. Mich ärgerte er besonders gerne. Er war ein Mann der scharfen Zunge und der spitzen Feder, handgreiflich wurde er nicht. Er brachte seinen bitteren Charme mit in die Gaststube, sein frivoler Ton weckte träge Gehirne, die Römer sahen gerne Theater. Das ganze Leben war schließlich nur ein Abklatsch von Theater. Juvenal war überall bekannt, auch der Kaiser kannte ihn gut, und wie lange würde sich dieser die Frotzeleien gefallen lassen, die der Dichter mit ihm trieb? Selbst Domitian hatte zwar Humor, die näheren Umstände seiner Späße kannte freilich niemand, und wer den kaiserlichen Humor auf die Probe stellte, sollte rechtzeitig seinen Nachlaß regeln. So wie Lamia, der heute morgen hingerichtet wurde. Er hatte sich nur ein wenig über Domitian amüsiert. Wie wenig? Er hatte das Pech, mit Domitia Longina verehelicht zu sein, bevor der junge Kaisersohn sie ihm wegschnappte und heiratete. Lang, lang ist's her. Der Kaiser vergaß nichts. Die Longina lebte zwar augenblicklich im Exil wegen der Affäre mit dem Schauspieler Paris. Der war tot, erstochen auf der Straße, mochten ihn die Götter an ihrer Tafel speisen lassen. Man forderte einen Kaiser nicht ungestraft heraus, denn bei ihm ging es immer auch um die Staatsräson. Aber die Angelegenheit war doch eigentlich erledigt, und ein Kaiser sollte auch Großmut zeigen. An den Hauswänden in Rom tauchten Parolen auf wie: *Wir wollen Domitia Longina wieder haben*. Hier sprach das Herz des Volkes, und es ging das Gerücht um, Domitian habe seinem Weibe verziehen und sie käme bald zurück. An ihm haften blieb der Makel der Liaison mit seiner Nichte Iulia. Nun auch Lamias Hinrichtung.

Als Iuvenal in die Kneipe stolperte, unterbrach ich mein Gespräch mit Pinpetos, der mir gerade eine Geschichte erzählen wollte.
"Ich möchte mir die Hände waschen", wandte sich Juvenal an Avarix. Der erstaunt:
"Sind sie schmutzig? Brauchst Du einen Bimsstein?"
"Sie sind nicht schmutzig, sondern blutig. Sieh her!" Er hielt seine Hände Avarix vors Gesicht.
"Ich sehe keine Spur von Blut."
"Es ist Lamias Blut an den Händen des Kaisers, das ich abwaschen will."
"Du spinnst wohl!" zischte Avarix, "Ich werde Dich rausschmeißen, bevor Du total besoffen bist. Halte gefälligst Dein Lästermaul!"
"Spricht so ein Römer, Du gallischer Waldschrat?" höhnte Juvenal. Avarix war rot im Gesicht vor Zorn:
"Setz Dich und überlege Dir, was Du zu essen willst. Ich schikke den Kellner."
Der Sklave erschien und blieb stumm vor Juvenals Tisch stehen. Juvenal blickte den hübschen Knaben lange an, lächelte, griff nach seiner Hand:
"Nun sage mir, mein junger Freund, gibt es heute Fisch?"
"Wir haben gebackene Äsche heute."
"Wie groß ist der Fisch?"
"Im Netz oder in der Pfanne?"
"Als er gefangen wurde."
"Etwa zwei Fuß."
"Sehr gut. Was gab es gestern für einen Fisch?"
"Aalrutte."
"Du willst also sagen, mein Freund: Die Äsche, die heute serviert wird, ist frisch."
"Gewiß mein Herr. Sie wurde heute morgen an den Quellen des Tibers gefangen."

"Warst Du dabei?"
"Natürlich nicht. Ich bin doch in der Kneipe beschäftigt." Juvenal hielt noch immer die Hand des Knaben und drückte sie vertraulich:
"Ich mache Dir doch keinen Vorwurf, mein Liebster. Ich meine nur: Du warst nicht beim Fang der Äsche dabei heute morgen. Jemand hat Dir von dem Fang erzählt und Du hast dessen Wort vertraut. Die richtige Antwort auf meine Frage hätte gelautet: *Angeblich* wurde die Äsche heute morgen im Quellgebiet des Tibers gefangen. Verstehst du? *Angeblich*. Traue niemandem!"
"Mein Herr, darf ich Dir jetzt die gebackene Äsche bringen?"
"Natürlich nicht. Ich esse niemals Fisch. Bringe mir eine scharfe Fleischsuppe, ich leide wieder an Verstopfung." Ich konnte mich nicht halten, als ich ihn so geziert reden hörte. Ich unterbrach mein Gespräch mit Pinpetos, Iupicellos und Potlun:
"Juvenalis, glaubst Du nicht, es wäre gesünder für Dich und uns alle, statt Deiner Eingeweide litte Dein großes Maul an Verstopfung?"
"Ach sieh mal an", tat er überrascht, "der teutonische Eichelfresser ist auch da. Wie lange gedenkst Du zu bleiben?"
"Solange es Rufus Spaß macht", mischte sich Avarix ein. "Aber bei Dir, Juvenalis, bin ich mir nicht so sicher: Du wirst vielleicht schon gehen, bevor der Spaß zuende ist. Was für einen Wein möchtest Du trinken?"
"Sage mir erst, mein gallischer König, welche Weine Du nicht vorrätig hast."
"Hörst Du hier jemanden über Deine Späße lachen, Juvenalis?"
"Danke für die Auskunft. Dann möchte ich einen Becher Surrentiner. Anderen gibt es ja nicht." Der junge Kellner brachte den Wein, Juvenal kostete ihn:
"Das ist Essig, kein Wein."
"Das ist Wein", wehrte sich Avarix. "Surrentiner."

"Früher war das mal Wein", entgegnete Juvenal: "Vor fünf Jahren, vielleicht. Aber dieser Wein lagerte zu lange in seiner Amphore in einem muffigen Keller. Wahrscheinlich haben auch die Ratten daran genippt. Pfui! Er ist längst umgekippt und zu Essig geworden."
"Hole neuen", befahl Avarix dem Sklaven, der irritiert daneben stand.
"Laß das!" winkte Juvenal ab. "Ich trinke Essig viel lieber als Wein."
"Den Eindruck habe ich nicht. Du bist jetzt schon blau."
"Du verstehst mich nicht, Avarix. Ich arbeite gerade an einer Satire über unlautere Schankwirte, die ihren Gästen verdorbenen oder gepanschten Wein vorsetzen. Du persönlich bist natürlich nicht gemeint."

Dann schwieg Juvenal wieder, stierte glasig vor sich hin, nippte an seinem Essig, kaute an den Oliven, die ihm der hübsche Kellner in einer Schale wortlos hingestellt hatte. Die Kerne spuckte er in weitem Bogen in den Schankraum. Seine Physiognomie hatte mich immer fasziniert: Er hatte störrisches, dunkles Kraushaar, eine hohe, bleiche Stirne, wässerige, helle Glotzaugen, eine gebogene, lange Nase, kleine, schlaue Ohren und die halbmondförmig nach unten gezogenen Lippen des Menschenverächters.
"Was starrst Du mich so an?" fuhr er plötzlich auf und blies mir fünf Olivenkerne um die Ohren. Wir wußten eigentlich nicht, wer Juvenal war, nur daß er eben Satiren schrieb und keine Manieren hatte. Während Martial Juvenal gelegentlich lobte, erwähnte umgekehrt Juvenal Martial mit keinem Wort. Jeder Schreiber außer ihm selbst stand weit unter ihm. Während bei Martial trostlose Lebensumstände eine mit traurigem Humor gewürzte Dichtung beflügelten, schrieb Juvenal gehässig gegen alles und jeden. Diesen Haß pflegte er inbrünstig. In

Rom, wo die Völkerströme aus allen Richtungen zusammenkamen, war an Objekten für Aversion kein Mangel. Juvenals Opfer waren alle Ausländer, insbesondere Griechen, Alexandriner, Levantiner, Juden, aber ebenso haßte er Schauspieler, Stückeschreiber, Militärs, Wagenlenker, und an Frauen ließ er kein gutes Haar. Er verhöhnte die Knauserigkeit der Reichen, die Servilität der Armen, die Umtriebigkeit der Kaufleute. Seine Tiraden waren stets vordergründig. Wirtschaftliche Zusammenhänge durchschaute er nicht, der kulturelle Aspekt des weiträumigen Handels interessierte ihn nicht. Es fanden sich Züge von Schwarzem Humor in seinen Produktionen, wenn auch selten. Er war voller Eigenlob, und haßte sich selbst wohl am gründlichsten.

Als der Kellner Juvenal die gewürzte Fleischsuppe brachte, verlangte dieser von dem Jungen, er solle sie erst kosten. Er schob ihm den Löffel hin. Der war verwirrt und sagte:
"Da muß ich erst meinen Herrn fragen, ob ich das darf."
"Bitte. Nun geh' schon, ich habe Hunger." Avarix tauchte unwillig auf:
"Was willst Du schon wieder?"
"Koste die Suppe, bevor ich davon esse."
"Gehört das zum nächsten Vers Deiner Satire?"
"Tu, was ich sage."
"Nun sage mir schon den Grund. Ist die Suppe zu heiß?"
"Im Gegenteil, sie ist fast schon kalt. Man wird sie kaum noch essen können."
"Dann sage mir den Grund, warum ich von der Suppe kosten soll."
"Vielleicht hast Du nicht mitbekommen, daß während des letzten Feldzugs nach Germanien des Kaisers Vorkoster in Mogontiacum beerdigt wurde."
"Warum das?"

"Weil er dort gestorben ist. Das ist doch einfach zu raten, oder nicht?"

"Ja, ich erinnere mich schwach. Aber worauf willst Du hinaus?" Juvenal lachte höhnisch:

"Man sagt, gallische Ochsen seien tüchtige Zugtiere, aber deshalb auch besonders dumm im Kopf. Nun gut, ich will Dir helfen: Warum stirbt wohl ein Vorkoster in seinen besten Jahren?"

"Weil die Speise, die er kostete, Gift enthielt."

"Bravo, mein kluger Avarix. Jemand wollte den Kaiser vergiften, und der Vorkoster mußte daran glauben. Nun weiß jeder Römer, daß unser Kaiser gar keine Feinde hat – will sagen: nicht mehr hat, oder nicht mehr so viele, außer ein paar törichten Chatten und Dakern fern von Rom. Ich aber habe in Rom viele Feinde – und deshalb bitte ich, daß von der Suppe jemand kostet, bevor ich davon esse."

"Einverstanden, Juvenalis. Da Du ja nichts Böses im Schilde führst, dürfte es Dir egal sein, wer den Vorkoster macht. Nehmen wir an, die Suppe wäre vergiftet – hättest Du es da nicht lieber, Dein Freund Constantius Rufus würde von der Suppe kosten?"

"Ausgezeichnete Idee, Avarix, wie gut wir beide uns doch verstehen!" Avarix winkte mir:

"Tut mir leid, Rufus, daß Du daran glauben mußt. Ich habe fröhliche Stunden mit Dir verbracht."

"Ich scheue den Tod nicht", sagte ich.

"Spucke nicht in die Suppe", mahnte mich Juvenal.

"Aber den Löffel muß ich ja wohl ablecken?"

"Der Kellner wird mir einen frischen bringen." Ich kostete von der vortrefflichen Suppe, alles wartete gespannt, nichts passierte.

"Tatsächlich", tat Juvenal erstaunt, "kein Gift in der Suppe."

"Nun kannst Du sie auch essen", meinte Avarix versöhnlich.

"Wo denkst Du hin? Die Suppe ist jetzt eiskalt. Die will ich nicht mehr essen." Avarix seufzte:
"Gut, ich schicke Dir einen frischen Teller."
"Einverstanden. Und sage dem hübschen Jungen, er soll die Suppe vor meinen Augen kosten."

Am Nebentisch saßen vier junge Männer in schon fortgeschrittener Laune, vermutlich gebildete Griechen, die die Szene mitbekommen hatten. Sie schnalzten mit der Zunge: "Das war kein schlechter Auftritt, Avarix. Du gehörst auf die Bühne. Wir haben damals von dem Tod des kaiserlichen Vorkosters in Mogontiacum gehört. Ist er wirklich an Gift gestorben?"
"Fragt doch den Kaiser", mischte sich Juvenal ein. "Er wird sich über Euren Besuch freuen."
"Wir schätzen, Du weißt mehr, Du Maulheld. Rede schon!"
"Soweit ich weiß, foltern sie noch immer die Bürger von Mogontiacum, um den Giftmischer zu finden. Sie gehen dabei nach dem Alphabet vor. Gestanden hat noch keiner. Nun sind sie beim Buchstaben S angelangt"
"Ah, jetzt wird es interessant: Der Statthalter Saturnius käme an die Reihe. Hoffentlich vergessen sie ihn nicht."
"Sagt dem Kaiser, er darf nicht vergessen, den Statthalter zu foltern. Für solche Ratschläge zeigt er sich dankbar", rief Juvenal.
"Der Kaiser ist so beschäftigt."
"Geht mit ihm in die Latrine kacken, dazu nimmt er sich Zeit."
"Für das Volk nimmt er sich Zeit. Der Kaiser liebt eben seine Römer. Hat er doch jüngst beim Circus zwei neue Farben eingeführt: Gold und Purpur."
"Das sind zwei mal zwei Gespanne mehr, jetzt sind alle zwölf Bahnen belegt – wer wird sich da noch langweilen, wenn beim Rennen die Wagen übereinander purzeln?"
"Der Kaiser kümmert sich um alles."

"Richtig. Besonders fürsorglich um seine Nichte Iulia, da sie auf so tragische Weise ihren Mann verloren hat. Armer Flavius Sabinus! Seine Hinrichtung war ein reines Versehen, glaube ich."
"Das denke ich auch."
"Ich auch."
"Ich auch."
"Wenn ein Kaiser in Eile ist, haut er schon mal den falschen Kopf ab."
"Irren ist menschlich."
"Wenn dieser Flavius Sabinus der Falsche war – wer könnte dann gemeint sein?"
"Einer, der ihm ähnlich sieht."
"Oder es liegt eine Verwechslung der Namen vor."
"Da haben wir des Rätsels Lösung: Flavius Clemens, ein anderer Cousin Domitians und der Mann von Flavia Domitilla. Der war gemeint."
"Das werden wir bald sehen. Der Kaiser handelt sehr konsequent. Er schont niemanden."
"Der Mißgriff der irrtümlichen Hinrichtung von Flavius Sabinus hat auch sein Gutes: Nun hat die arme Iulia ihre Ruhe. Sie braucht ihre Zuneigung nicht mehr zwischen ihrem Mann und dem Kaiser zu teilen. Wie unkompliziert kann das Leben sein, wenn man ein wenig nachhilft."
"Der Kaiser hat sich als Zensor auf Lebenszeit ernennen lassen. Er wird die Sümpfe des Lasters trocken legen."
"Ja, vor allem die Hebung der Moral im Senat liegt ihm am Herzen. Hoffentlich schafft er das während seiner Regierungszeit."
"Das wird er wohl: Die Schumacher jammern schon, es werden kaum noch rote Lederschuhe verlangt."
"Senatoren altern zur Zeit sehr rasch."
"Wir wünschen unserem Kaiser ein langes Leben."

"Du übertreibst wieder."
"Er tut für jeden etwas Gutes. Sei es auch nur ein früher, wenn schon verdienter Tod."
"Eitel Freude herrscht in Rom." Sie hoben die Becher: "Auf das Wohl des Kaisers!"
"Haltet endlich Euer Maul!" fauchte Avarix.

Ich bat Pinpetos, mit seiner Erzählung fortzufahren, die er schon begonnen hatte. Wieder ging es um einen halbblinden Spiegel, für den alten Philosophen ein unerschöpfliches, magisches Objekt der Selbsterkenntnis. "Weißt Du, Rufus", sagte er, "in meiner Erinnerung ändern sich die Fakten mit der Zeit. Was ich Dir gestern erzählt habe, hört sich heute schon ganz anders an. Geschichten haben ihr eigenes Leben. Zuweilen ist mir, als würde eine Geschichte sich selbst erzählen, immer in neuen Variationen, und ich, Pinpetos, hörte nur zu."
"Auch der Zuhörer befindet sich, je nach Laune, in unterschiedlichen Zuständen", war meine weise Entgegnung.
"Also, wo waren wir stehen geblieben? Ach ja, ein Knabe findet in einer Rumpelkammer einen halbblinden Spiegel, und als er hineinschaut, starrt ihn das Bild eines Greises an. Er ist verwirrt, vermag die Erscheinung nicht zu deuten. Das nächste Mal schaut er einem halbnackten, mit Weinlaub bekränzten Bacchus in die Augen. Ein andermal wiederum fixiert ihn der wilde Blick eines Gladiators mit einem thrakischen Helm auf dem Kopf. Soll ich das sein? fragt sich der Knabe jedesmal. Allmählich empfand er ein Grauen vor dem Spiegel und trug ihn in die Rumpelkammer zurück, um nie mehr hinein zu schauen. Die Spiegelbilder freilich vergaß er nicht. Als Jüngling glaubte er nicht an wundersame Erscheinungen. Wenn ihn der Spiegel durch Zerrbilder genarrt hatte, so waren es Sinnestäuschungen. Was waren seine Sinne wert, wenn sie die Wirklichkeit bis zur Unkenntlichkeit zu verschleierten?

Der junge Mann steckte sich ein hohes Ziel: Er wollte der Erkenntnis der letzten Dinge so nahe wie möglich kommen: Was ist die Wahrheit, von der wir immer reden, und die so flüchtig ist wie das Meer, das wir mit der Hand zu schöpfen suchen?"
"Wenn er seinen Spiegelbildern nicht glaubte, so war das voreilig", wandte ich ein: "Die verschiedenen Gesichte zeigten doch offensichtlich, wenn auch in einem kaleidoskopischem Chaos, mögliche Phasen seines Lebens, oder seines Wunschdenkens."
"Nun, er stand eben an einem Scheideweg. Er prüfte durchaus sorgfältig, ob seine Sinne für den Weg zur Wahrheitsfindung tauglich waren, und er kam zu dem Schluß: Nein, das waren sie nicht. Er fand heraus, daß Augenzeugen eines Ereignisses, sei es Feuer, Überschwemmung oder Krieg, hernach widersprüchliche Angaben machten. Aber nicht nur das Auge schien ihm fehlbar. Er litt auch unter irritierenden Ohrgeräuschen: Er wußte manchmal nicht zu unterscheiden zwischen der Brandung des Meeres und dem Rauschen in seinen Ohren. Als er eine giftige Muschel aß, wurde seine Zunge gelähmt, so daß die Speisen ihren Geschmack verloren. Auch sein Geruchssinn ließ nach: Bei einem Besuch des Orakels zu Delphi zog er den würzigen Duft verbrannter heiliger Zweige durch die Nase ein und verlor seinen Geruchssinn. Nie mehr in seinem Leben roch er etwas anderes. Als er in einer mondhellen Nacht den Körper seiner Geliebten zu sich nehmen wollte, hatte er kein Gefühl mehr in den Händen für ihre zarte Haut. Er litt an einer Krankheit, durch die er die Sensibilität seiner Extremitäten einbüßte.

Der Mann sagte: Ich bin es, der sich mit jedem Tag ändert, bin mal jünger, mal älter, unter dem Strich werde ich natürlich älter. Er wurde einsilbig und sprach nicht mehr mit den Menschen, damit ihn ihr Schwatzen nicht abbrachte vom Pfad der

Wahrheitssuche. Warum war dieser Weg so wichtig für ihn? Er konnte die Frage nicht beantworten, weil er diese selbst nie gestellt hatte. Er folgte einfach einer Spur wie der Jäger dem Wild. So redete er sich ein und hatte keine Ahnung, was er eigentlich vorhatte. Was würde er am Ende finden? Er suchte Rat bei einem Weisen. Wie üblich entlassen die Weisen ihre Kunden niemals in ein Elysium der Seligkeit. Es winkt aus trügerischer Ferne mit der Befriedigung aller Lüste, nach denen der Leib, aber auch der Geist streben mag. Jedoch der Weg dahin zieht sich in die Länge, ist steil und dornenreich, und findet trotz der Mühsal nie ein Ende. Was soll ich also tun, fragte jener, nachdem ihn alle seine Sinne genarrt hatten. Sie machen mich wankend auf meinem Wege zu den letzten Erkenntnissen. Ich kann mein ruheloses Leben nicht länger ertragen. Bin ich am Ende? Der Weise antwortete: Wenn die Suche nach der absoluten Wahrheit Dein unbeugsamer Wille ist, so wirst Du sie finden. Deine Gedanken werden sich fortentwickeln und Dich leiten. Doch der Preis ist hoch, denn Du läßt Dich auf einen Wettstreit mit den Göttern ein. Eifersüchtig hüten sie ihr geheimes Wissen. Kennst Du den Preis dafür? Nein, wehrte der Suchende ab: Ich will ihn nicht wissen, möchte ich doch am Ende schwankend werden. Nun gut, sagte der Weise, ziehe hin!

Nun schwanden ihm nach und nach die Sinne, die erfahrbare Welt zog sich von ihm zurück. Ein Hirte mit einer Schafherde erbarmte sich seiner und nahm ihn auf seinen Wanderungen mit, gab ihm Nahrung, Wasser und ein windgeschütztes Plätzchen zum Schlafen. Der Mann verlor die Sprache, seine Gesichtszüge wurden starr. Zuletzt versagten auch seine Beine, und so mußte ihn der Schafhirt in einer Höhle zurück lassen. Aufgrund seiner geringen Bedürfnisse starb der Suchende in hohem Alter. Ihn umgab die Aura eines Weisen, aber dank seiner Stummheit und Blindheit konnte er niemandem mitteilen, wie weit er auf seinem Wege zur absoluten Wahrheit gelangt war.

Ein Prätorianer suchte mich in meiner Wohnung auf: Der Kaiser will etwas von Dir. Los, ab! Der Römer hatte ein dickes Fell. Mit der rüpelhaften Palastwache legte man sich nicht an, sie waren ein verwöhntes, arrogantes Pack. Domitian hatte ihren Sold noch einmal kräftig erhöht. Der Puls schlug höher, sobald man sich dem Palast näherte. Domitian schien schlecht gelaunt, das war jedoch beruhigend. Er hatte die Angewohnheit – so die Fama – daß er ahnungslose Opfer am Tag vor ihrer Exekution zum Essen einlud oder mit ihnen, auf seinem Lager sitzend, freundlich plauderte. Er hielt einen gelben, glänzenden Klumpen in der Hand und starrte mich an:
"Was ist das?"
"Dem Augenschein nach Gold."
"Reines Gold?"
"Das müßte ich erst untersuchen."
"Ich will wissen, ob das reines Gold ist – ohne Zusätze von Kupfer oder Silber."
"Solche Zusätze können den Nutzwert des Goldes als Baumaterial durchaus erhöhen."
"Hast Du gehört, was ich fragte? Ich will wissen, ob dieser Klumpen reines Gold ist. Ich will wissen, ob man mich betrügt. Im übrigen bin ich nicht blöd. Ich weiß um die Zusätze von Kupfer und Silber."
"Mein Herr und Gott. Laß den Klumpen Metall von einem Prätorianer in das Alexandriner-Haus bringen. Dort habe ich die nötigen Geräte. Ich werde mich unverzüglich an die Untersuchung machen. Es dauert nicht lange. Der Prätorianer kann auf das Ergebnis warten."

Ich wurde ruhiger, als ich mir klar machte, daß es in ganz Rom keine genaueren Waagen und Volumen-Meßgeräte gab als in unserem physikalischen Kabinett im Alexandriner-Haus. Ich wußte, Spuren von Kupfer oder Silber in Gold wären nicht nachweisbar. Wenn ich keine wesentliche Zumischung fand, käme auch niemand anderer im Römischen Reich dahinter. Falls in dem Gold etwa ein Zwanzigstel Kupfer oder Silber beigemischt wäre, so würde sich das Gewicht bei gleichem Volumen um etwa ein Vierzigstel vermindern. Die Differenz könnte die empfindlichste Waage bei uns gerade noch anzeigen. Wenn ich den Durchschnitt aus einem Dutzend Messungen nahm, ließ sich das Gewicht mit hinreichender Genauigkeit berechnen. Nach zwei Stunden hatte ich das Ergebnis: Es ist reines Gold, bemerkte ich zu dem Prätorianer, der sich auf einer Bank rekelte. Das ist mir scheißegal, bekam ich zu hören. Los, gehen wir. Ich gab ihm das Gold und folgte ihm. Ich berichtete dem Kaiser:
"Ich habe das Metall in einem Bett aus Salpeter stark erhitzt und nach dem Abkühlen keine Änderung an seiner Oberfläche bemerkt."
"Was ist Salpeter?"
"Ein weißliches Salz, das sich in Viehställen an der Mauer ablagert. Erhitzt man es mit Gold, das starke Beimischungen von Kupfer oder Silber enthält, so färbt sich die Oberfläche: in Anwesenheit von Kupfer grün, bei Silber grau."
"Ist das alles?"
"Nein, ich habe noch den Archimedischen Test durchgeführt. Gold ist sehr schwer, Kupfer und Silber wiegen etwa nur die Hälfte. Nimmt man das Verhältnis von Gewicht zu Volumen bei Gold und Silber beziehungsweise Kupfer und bestimmt diese Proportion bei einer verdächtigen Gold-Silber- oder Gold-Kupferlegierung, so läßt sich der Anteil an Fremdmaterial in dem Gold berechnen. Die Legierung wäre immer etwas

leichter als das reine Gold. Das ist hier nicht der Fall." Die Rechnung wird allerdings unsicher, wenn weniger als fünf Anteile Kupfer oder Silber auf ein Gewicht von hundert Pfund Gold fallen. Diese Erkenntnis behielt ich für mich.
"Der Goldklumpen ist also pur?"
"Das ist das Ergebnis meiner Untersuchung, mein Herr und Gott."

Domitian schien zufrieden und schickte mich weg. Vermutlich kannte er die Legende vom Tyrannen Hieron von Syracus: Dieser forderte den Mathematiker Archimedes auf zu prüfen, ob seine Krone aus reinem Gold gefertigt war. Sie war es nicht. Daraus entstand der Archimedische Test, den meine Freunde und ich im Alexandriner-Haus oft durchführten – auch gegen gute Bezahlung. Hatte der Kaiser nicht andere Sorgen als die Zusammensetzung von Goldklumpen? Die Daker waren in die Provinz Moesien eingefallen und hatten den römischen Statthalter getötet. Der Kaiser eilte an den Schauplatz, stellte die Ruhe wieder her. Sie war trügerisch. Als er in Rom die Capitolinischen Schauspiele feierte, kam es an der Donau zu einer vernichtenden Schlacht für die Römer unter dem Prätorianerpräfekt Fuscus. Dieser fiel im Feld. Bei dem gespannten Verhältnis zwischen Senat und Prinzipat war die Niederlage durch den Dakerkönig Decebalus eine persönliche Schmach für den Kaiser. Zu früh hatte er wieder einen Triumph gefeiert. Domitian war mißtrauisch und wachsam. Die Goldhändler wußten mittlerweile, daß man Kupfer bis unter die fünf nachweisbaren Anteile dem Gold unauffällig beimischen konnte. Mit einer gewissen Befriedigung stellte ich fest: An diesem Punkt stieß die kaiserliche Macht an ihre naturgesetzlichen Grenzen – mochte sie auch am Ende gegen die Chatten und die Daker gewinnen. Mein Herr und Gott: Vertraute er mir? Er vertraute niemandem. Hätte mich sein Vater Vespasian mit dem Problem behelligt, ich hätte niemals deswegen eine ruhelose Stunde verbracht. Ja, Sosigenes, Rom hat sich verändert. Passen wir uns an! Fürchten wir nicht den Tod! Er ist uns so sicher wie nichts sonst im Leben.

Ich wollte mich von Iulius Frontinus trennen und eine eigene Firma aufmachen. Der Kaiser hatte mir in Aussicht gestellt, die Gladiatorenkaserne am Flavischen Amphitheater zu bauen. Ich einigte mich mit Frontinus. Er sagte: Wir sind Freunde. Wenn ich Dir helfen kann, Rufus, meine Tür ist immer offen. Tissaphernes, dem ich meine Karriere als Bauingenieur verdankte, wollte ich als Geschäftsführer gewinnen. Er sagte ohne Umschweife zu. Rom war eine einzige Baustelle, unsere Firma würde florieren. Ich hatte freie Hand, nach meinen strengen Sicherheitsstandards zu bauen. Meine Häuser stürzten nicht zusammen, das konnte ich garantieren. Ich schätzte Vitruv als den Meister der Architektur, hatte in seinem Werk freilich eine gewichtige Unterlassung entdeckt: Er hatte Mietshäuser mit mehr als fünf Stockwerken nicht vorausgesehen. Die Vorgaben für die Fundamente waren für höhere Gebäude zu knapp bemessen. Es wurde einfach weiter aufgestockt. Jeder Bauherr, der einen Einsturz seines Hauses zu verantworten hatte, schwor auf Vitruv. Bei Gericht kam er ungeschoren davon. Wer sicherer baute, hatte wegen höherer Kosten einen Wettbewerbsnachteil. Mir half jedoch die Rückendeckung des Kaisers. Was zergrübelte ich mir mein Hirn? Wollte ich mich wieder mit der Baumafia anlegen? Es war mir fast gelungen, die Affäre mit Berytos aus dem Gedächtnis zu tilgen. Aber es war das Tageslicht, das mich vor ihm schützte. In der Nacht war ich hilflos seinem Gespenst ausgeliefert, durch Albträume an die Bettpfosten gekettet. Er konnte jederzeit zur Tür hereintreten, sich auf die Bettkante setzen und einfach warten, bis die Zeit verging. Er wird aus seiner Verbannung zurückkehren und sein Ziel ist Rom. Er hatte am Ufer der Donau reichlich Zeit, um neue Rachepläne auszubrüten. Mit seiner Rückkehr aus dem Exil wäre im Jahre 96 zu rechnen. Mir blieben noch ein paar Jahre Frist. In dieser Zeit würde Rom sich wieder häuten: Der Palatin mit dem neuen kaiserlichen Palast war nicht mehr zu erkennen, das Marsfeld eine einzige Baustelle. Für Berytos in seinem tristen Provinznest war die Zeit indessen stehen geblieben, die Rechnung mit mir noch immer offen. Die Chronologien liefen auseinander.

Endlich zog Martial aus dem elenden Hochhaus *ad pirum*. Ich war erleichtert. Bei solcher Gelegenheit spürte ich, wie ich diesen skurrilen Freund doch mochte. Er litt bis unter die Haut an Rom und war doch seiner Magie erlegen: dem morbiden Charme der Subura, der monströsen Wucht des Marmors, dem verführerischen Plätschern der zahllosen Brunnen, vor allem aber seinem eigenen geplagten Ich, das um Überleben wie um Anerkennung mit dieser Stadt rang. Rom mußte Martial im Grunde rätselhaft bleiben. Eine unerfüllte Zuneigung. Aber Rom brauchte gerade ihn, Valerus Martialis, als Zeugen. Empfand ich anders? Der neue kaiserliche Palast auf dem Palatin, die Schöpfung Domitians und des Meisters Rabirius, wuchs in die Höhe. Hier entstand ein neues Weltwunder, ebenbürtig dem Flavischen Theater. Mir stand der Mund offen, wenn ich auf dem Palatin spazieren ging. Ich hatte an dem Bauprojekt keinen Anteil. Dies zu erhoffen, wäre eine Anmaßung gewesen. Trotzdem, wenn auch nur als Zeitzeuge, fühlte ich mich über vergangene und künftige Generationen erhaben. Ich gab mich gerne mit meinem bescheidenen Bau der Titus-Thermen zufrieden. Schon war die Rede davon, sie sollten vergrößert oder ganz abgerissen werden. Sie gründeten ja auf den Fundamenten der alten Thermen der Domus Aurea

von Kaiser Nero. Wer fragte heute noch nach Nero, außer einem vergreisenden Grüppchen von Senatoren in der Kurie? Martial hatte mir beschrieben, wie ich ihn jetzt finden konnte: "Höre gut zu", sagte er, "auf die Leute kannst Du Dich nicht verlassen, daß sie mich schon jetzt kennen, weder als Dichter noch als Denunzianten. Es ist ein kleines Haus bei der Wegmarke *pila Tiburtina* und der Badeanstalt des Stephanus. Behältst Du das? Du kannst Dir auch folgendes merken: Du biegst von der Alta Semita in Richtung Flora-Tempel ab, läßt die Porta Quirinalis hinter Dir, von der Stadtmauer aus kannst Du das Haus schon sehen. Ich habe nicht gesagt, Du sollst mich besuchen. Bitte tue mir das nicht an!"
"Genau das hatte ich vor."
"Du kannst mich immer noch am Portus Qurinus, in dieser Schwatzecke, finden. Jetzt sind es sogar ein paar Schritte weniger von meiner Wohnung aus."
"In welcher Höhe wohnst Du jetzt – doch nicht mehr dort, wo die Tauben ihre Nester haben?"
"Du übertreibst: Am Birnbaum habe ich im dritten oder vierten Stockwerk gewohnt, ich habe es vergessen, welches es war. Aber es war nicht unter dem Dach. Jetzt wohne ich ihm zweiten Stock"
"Geht es Dir also besser, Martialis?"
"Freilich. Bei einem Feuer brauche ich nicht mehr so weit zu laufen, um zu verbrennen."
"Hast Du unter Lärm zu leiden?"
"Natürlich. Auf dem Quirinal geht es chaotisch zu."
"Wer sind Deine Nachbarn?"
"Keine Ahnung. Einer heißt *Novius*. Unsere beiden Fenster, die auf die Gasse hinausschauen, liegen dicht nebeneinander. Wenn wir uns in der Abendfrische hinauslehnen, könnte ich seinen Arm berühren – aber ich scheue mich, spreche ihn auch nicht an. Wer würde mich nicht beneiden! Was für eine Chan-

ce zu einer engen Freundschaft. Aber nein – ich bin Luft für diesen Herrn Novius. Wenn er am Fenster steht, könnte er mir nicht ferner sein als an den Ufern des Nils."

"So ist das in einer großen Stadt. Nachbarn kann man sich ebenso wenig aussuchen wie die Verwandtschaft." Martial war in rührender Weise liebebedürftig. Wer weiß, was für ein Klotz dieser Novius war.

"Vielleicht möchte er mit mir nichts zu tun haben", klagte Martial, "nur – warum nicht?"

"Vielleicht ist er auf den Kaiser eifersüchtig, dem Du doch so liebestolle Epigramme widmest. Verzeih, Martialis, das war ein schlechter Scherz. Ist mir so herausgerutscht."

"Ach was, Rufus. Höre auf, Dich wegen Deiner Unverschämtheiten zu grämen. Einen albernen Scherz nehme ich nicht krumm. Ich habe ein dickes Fell, sonst könnte ich in Rom nicht existieren. Ganz Rom steckt voller hinterhältiger Bosheiten, und ein wehrloser Dichter ohne Mittel und Titel ist doch eine ideale Zielscheibe für jedermanns Spott."

"Schluß damit: Ich wollte Dich nicht kränken."

"Im Gegenteil: Du hast mich auf eine gute Idee gebracht. Ich schreibe ein kurzes Epigramm für meinen Nachbarn Novius, das schiebe ich ihm unter seine Tür. Nein, besser noch: I ch lasse es an einem sonnigen Frühlingstag zu seinem Fenster hineinflattern, wenn er zu Hause ist. Das ist dann vollendete Poesie." So las sich das dann:

Mein Nachbar ist Novius, ich kann ihn mit der Hand berühren, und das sogar von meinem Fenster aus! Wer würde mich nicht beneiden und meinen, daß ich zu allen Stunden glücklich sein müßte, weil ich mich eines Freundes erfreuen darf, der mir so nah ist. Doch leider ist's nicht so. So fern ist er mir, wie Terentianus, der jetzt am Nil das Kommando hat, ganz unten in Syene. Nicht mit ihm zu feiern, nicht ihn zu sehen wenigstens, ja nicht einmal ihn zu hören ist mir möglich, und in der ganzen Stadt ist nicht einer mir so nahe und (zugleich) so fern. Ich muß umziehen, weiter weg von ihm. Soll lieber der des Novius Nachbar oder Hausgenosse sein, der es nicht wünscht, den Novius zu sehen.

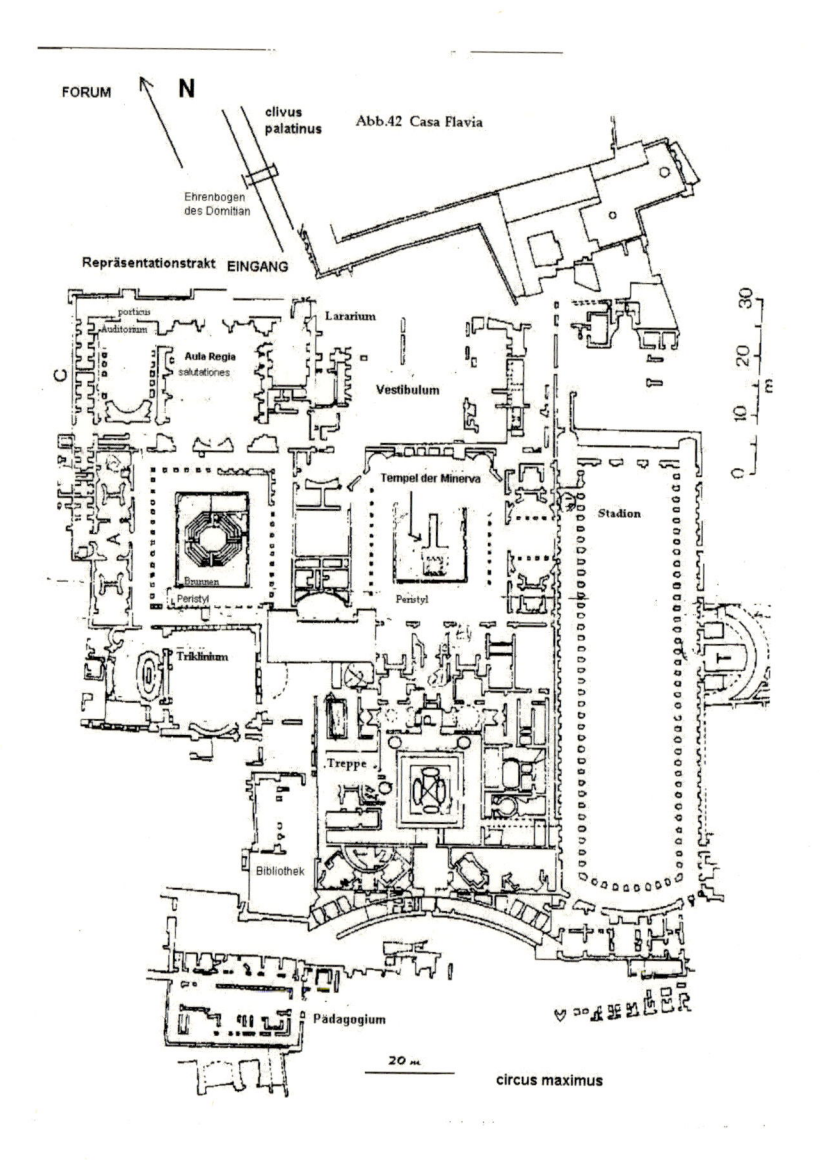

Abb 46 Domus Domitiana

3 Tyrannis

Martial war mit Rabirius, dem Erbauer von Domitian's Palast, bekannt, und seine Bewunderung für den genialen Architekten war zweifellos ehrlich. Martial war gerne bereit, mich Rabirius vorzustellen, der dann, mit gewollter Bescheidenheit auf meine Arbeit anspielend, den Bau und Erhalt von Wasserwerken als absolut notwendig bezeichnete. Indem er mit einer ironischen Geste auf die Fassade der prächtigen Aula Regia[07] wies, meinte er noch: Wohnen kann man auch einfacher als hier, Wasser aber brauchen der Kaiser wie der Bettler in gleicher Weise. Er ließ es geschmeichelt zu, daß ich, wann immer ich wollte, mir den Palast ansah, der sich rasch seiner Vollendung näherte. Ich tat es gerne, wenngleich der praktische Nutzen für mich gering, das ästhetische Vergnügen jedoch überwältigend war. Bauherr war Domitian, und so wie ich ihn kannte, hatte er zur Planung des Palastes kreative Ideen beigesteuert. Hier hatte er freie Bahn, und kein Bruder Titus stellte ihm ein Bein, lebend oder posthum. Wir scharten uns um Rabirius – Martial, der Architekt Apollodoros und ich. Rabirius lächelte nachsichtig:
"Domitian entwickelt manchmal recht eigenwillige Vorstellungen zur Architektur. Ich versuche sie zu berücksichtigen, ich will nicht Kopf und Kragen riskieren." Martial meinte, zu mir gewandt:
"Wer weiß, was Rabirius für einen Schuppen hier hingesetzt hätte ohne des Kaisers geniale Ideen."
"Täusche Dich nicht, Martialis. Domitian hätte auch zum Architekten das Zeug gehabt."
"Denkst Du, Rabirius, mir könnte der Palast so gut gefallen, wüßte ich nicht um des Kaisers Einfluß auf seine Gestaltung?"
Er wandte sich wieder an mich:
"Möchtest Du hier oben gerne wohnen, Rufus?"

"Darüber habe ich noch nicht nachgedacht."
"Schlaue Antwort. Denke aber darüber nach! Was sollen wir tun, wenn der Kaiser es wünscht, Du und ich sollen bei ihm wohnen?"
"Sei nicht albern, Martialis, der Palast ist ja noch nicht fertig."
"Der Palast wird mein letztes Werk sein", beteuerte Rabirius. "Ich möchte noch ein paar ruhige Jahre auf meinem Landgut meine Sesterzen verbrauchen. Dieses ständige Herumrennen auf der Baustelle bringt mich außer Atem, und dazu die Gicht in den Füßen – nein."
"Es gibt aber noch viel bauen", gab Martial zu bedenken.
"Es gibt immer viel zu bauen. Rom wird niemals fertig." Rabirius deutete auf Apollodoros. "Redet mit dem da." Martial wandte sich sofort eifrig an den jungen Architekten: "Hast Du schon Ideen, Apollodoros?"
"Kommt mit!" forderte uns Apollodoros auf. Ich gesellte mich zu ihm:
"Arbeitest Du mit Rabirius zusammen?"
"Nein, ich sehe mir nur an, was er macht. Ich bin vorübergehend in Rom – hoffe ich."
"Du hast eigene Projekte, irgendwo im Reich?" Er lachte: "Stimmt. Rate mal, wo!"
"Keine Ahnung: Gallien, Syrien, Spanien..."
"Dakien. Schon gehört davon?"
"Gewiß. Baust Du für den König Decebalus einen Palast?"
"Das würde ihm wohl gefallen. Nein, ich habe eine Brücke über die Donau geplant, fast eine Meile lang, bei *Drobeta*[10]."
"Ist sie schon im Bau?"
"Nein. Der Bau verzögert sich, weil es immer wieder zu Scharmützeln kommt zwischen uns und den Dakern. Decebalus gibt keine Ruhe. Er will die Brücke nicht. Er sagt, sie diene nicht dem Handel, wie der Kaiser ihm weis zu machen suche, sondern den römischen Soldaten, um sein Land zu überfallen.

Umgekehrt sind Domitian Bedenken gekommen, daß es für ein Dakerheer einfach sei, über die Brücke in die Provinz Moesien einzumarschieren. Den König Decebalus soll man nicht unterschätzen. Er ist ein Fuchs und ein ausgezeichneter Feldherr. Man wird sich wohl friedlich einigen – aber wann? Also warte ich erst einmal ab. Die Donau fließt auch in ein paar Jahren durch Dakien, und ich habe mein Leben noch vor mir."

Wir schlenderten zum alten Palast des Tiberius hinüber und bogen dann rechts ab zur Kante des Palatins über der Via Sacra. Wir hatten vor uns das Argiletum mit der sanft ansteigenden Subura im Blick, links den vorspringenden Hang des Quirinalhügels, dicht und unordentlich mit Häusern übersät.
"Womit möchtest Du anfangen, Apollodoros?" fragte Martial.
"Erst muß das Forum Transitorium fertig gebaut werden", sagte der vielversprechende Architekt, "und dann sollte man sich den Südhang des Quirinals vornehmen. Die Häuser abreißen, den Hügel an der Stelle anschneiden und abtragen. Dann hätte man Platz für repräsentative Bauwerke: Forum, Tempel, Bibliothek, im Hintergrund das Rund einer dreistöckigen Markthalle mit hohen Bogenfenstern, die Läden der Subura zugewandt. Es fehlt in der Gegend hier an attraktiven Geschäften."
Apollodoros stammte aus Damaskus, ein schwarzer Krauskopf mit dunklen, glutheißen Augen und roten Lippen, zartgliedrigen, schmalen Händen, erst knapp über zwanzig Jahre: Ein Hermaphrodit aus der Mythologie, dem Frauen wie Männer zu Füßen liegen. Ein Bündel aus Genie und Kraft, nicht anders als Rabirius. Es gibt Augenblicke, da ich völlig glücklich und ausgesöhnt bin mit Rom, meiner Stadt, in der Männer mit unübertrefflichem Kunstsinn solche titanische Bauwerke schaffen.

"Und woher, bitte schön, das Geld nehmen?" will Rabirius wissen.
"Von Spenden reicher Leute, zum Beispiel Architekten im Ruhestand", schlug Martial vor und nahm Rabirius vertraulich beim Arm. "Auch mir dürft Ihr natürlich in die Tasche greifen, mal sehen, ob Ihr etwas findet." Rabirius lächelte müde: "Kannst Du Dir vorstellen, Martialis, wie viel noch in der Baukasse ist?"
"Oh, eine leere Kasse kann ich mir sehr gut vorstellen."
"Kommt, laßt uns zurückgehen! Ich möchte mich überzeugen, daß die Wand aus Spiegelstein ordentlich poliert ist."
"Es ist nicht Dein Ernst, daß Du aufhören willst, Rabirius?" fragte Martial.
"Wollen schon, aber die Entscheidung fällt wohl ein anderer."
"Klar, ist der Herrscher unzufrieden, schlägt er einem den Kopf ab. Ist er zufrieden, lebt man ein paar Jahre länger, bis man sich für ihn zu Tode geschuftet hat. Hat er noch etwas Bestimmtes vor?"
"Vor den öffentlichen Bauten in Rom konnte ich mich noch drücken. Aber wenn sich Domitian einen Bau mit eigenen Ideen in den Kopf gesetzt hat, dann käme eine Ablehnung einer schweren Majestätsbeleidigung gleich."
"Um was geht es denn konkret?"
"Um Albanum, seine Villa an der Via Appia beim Albaner See. Sie war früher im Besitz von Poilipcius Magrius, und jetzt soll etwas Neues aus dem Haus gemacht werden."
"Und was?" fragte Martial. "Ich wette, Du weißt schon genau, wie die neue Villa aussieht."
"Ich gebe zu – offenbar kann ich nicht anders – in einer schlaflosen Nacht habe ich das Projekt schon fast bis zur Baureife entwickelt." Martial wandte sich mir zu:
"Rufus, der Kaiser kann auf solch einen tüchtigen Mann unmöglich verzichten. Ich werde Domtian's Privatsekretär Titi-

nius Capito von unserem Gespräch berichten. Ach nein, ich schreibe ein Epigramm über den genialen, unentbehrlichen Architekten Rabirius und schicke es dem Kaiser..."
"Es reicht, Martialis. Du bist mir vielleicht ein Freund!", wehrte sich Rabirius in gespieltem Ärger.

Das launige Geplauder mit dem Dichter und den Architekten hatte düstere Gedanken verscheucht. Ungern trennte ich mich von ihnen wie von Brüdern, die ein heimliches Gelöbnis verband: wacker durchzuhalten, nicht trübseligen Grübeleien nachhängen. Martial hob die Hand zum Abschied und schlenderte zum Forum hinunter. Er suchte nach einem Bekannten, der ihm vielleicht eine Mahlzeit spendierte. Manchmal hatte er Glück und erzählte mir die näheren, mit witzigen Arabesken geschmückten Umstände.
"Hast Du das Mahl also genossen, Martialis?" fragte ich. Aber er gönnte mir keine Freude an seinem Dasein:
"Wie sollte ich ein Essen genießen, es könnte ja die letzte Mahlzeit in meinem Leben sein", erwiderte er. "Bliebe ich dagegen hungrig, wäre ich möglicherweise einem Henkersmahl entronnen."
"Es war noch kein Henkersmahl."
"Na, dann das nächste Mal", murrte er.
Rabirius und Apollodoros strebten mit raschen Schritten dem alten Palast des Tiberius zu. Von dort aus führte ein Tunnel zum dem Kryptoporticus[09] unterhalb der Casa Flavia. Es war eine Abkürzung, wenn man diesen Weg ging. Vom Palast des Tiberius näherte sich eine bärtige Gestalt mit wehender, blauer Tunika. Eine Hand winkte mir, ich möchte warten. Ich blieb stehen. Ein Lächeln auf dem Gesicht, das bald vertraute Züge annahm: Plutarch aus Chaironeia. Er war wieder einmal in Rom, erledigte kleine Amtsgeschäfte für seine Stadt – aber das war wohl ein vorgeschobenes Alibi. Er kam gerne nach Rom,

kannte noch Vespasian. Durch Vermittlung seines Freundes Mettrius Florus wurde ihm damals das römische Bürgerrecht verliehen. Ein reger, weltmännischer Geist, der auch Ägypten und Kleinasien kannte. Doch kehrte er immer wieder in das stille Gehäuse seiner griechischen Landstadt zurück.
"Wenn Du mich zum neuen Palast begleiten willst, Plutarchos, dann sei mir herzlich willkommen!" Wir umarmten uns. Der Philosoph und Menschenfreund wandelte in einer Aura behaglicher Muße, die sich anderen mitteilte, wenn man nur den Ärmel seiner Tunika streifte. Er dürfte fünf Jahre älter sein als ich und um einiges weiser. Er begann das Gespräch gleich mit einem artigen Lob:
"Rufus, Dein Vortrag neulich hat mir gefallen. Warum wohl? Daß Du ein erfahrener Techniker bist, überrascht mich nicht. Aber Du hast eine menschliche Seite angeschlagen bei dem leidigen Thema Feuergefahr und Baufälligkeit bei Mietshäusern. Der gebeugte Ritter, der sich mühsam aufrichtete, nach Worten rang, dann mit zitternder Stimme von seiner Frau und zwei Töchtern berichtete, die in der Sänfte von einer stürzenden Hauswand erschlagen wurden – die Szene hat mich stark bewegt."
"Der Mann hat mich beim Abschied umarmt."
"Ich habe es mitbekommen. Er vergoß Tränen."

Frontinus hatte in seinem Stadthaus auf dem Esquilin zu einem Vortrag geladen und mich zum Redner bestimmt. Mit dem Einverständnis des Kaisers hatten wir die Vorschriften für präventive Feuerverhütung und verbesserte Statik von Hochhäusern verschärft und auf einen einheitlichen Stand gebracht. Unsere Wachsamkeit galt auch der verbotenen Streckung von Mörtel mit Sand, wie bei der Bau-Mafia üblich. Das Regelwerk sollte nun bekannt gemacht werden. Geladen waren Magistratsbeamte, der kaiserliche Sekretär Titinius Capito, der Zeitungsmann Sosigenes, Baufachleute, geschädigte Prominente – wie jener verzweifelte Ritter – sowie Immobilienbesitzer in größerer Zahl. Letztere erschienen ohne Ausnahme – vor Domitian hatten sie Schiß. Dieser hatte Marcus Aquilius Regulus geschickt, einen gefürchteten Ankläger, der ostentativ einen aufgerollten Papyrus mit den Namen der Bauherren auf den Knien hielt. Auch Plutarch war anwesend. Als Einführung zu meinem Vortrag brachte ich die Geschichte von dem germanischen Feuerwehrmann Ursus, den ich zu den Saturnalien 69 in Avarix' *EPONA*-Kneipe kennen gelernt hatte. Ursus, den seine Götter mit Riesenkräften, aber auch einem mitleidigen Herz ausgestattet hatten. Er sprang durch die Feuer, schleppte die zu Tode Geängstigten über brennende Treppen ins Freie. Unmut regte sich bei meiner Zuhörerschaft, als ich gegen Ende auf den Hausbesitzer Berytos zu sprechen kam. Ich wurde etwas lauter: Dieser Mann versuchte die Risse unseres baufälligen Miethauses in der Via Vipsania zuzukleistern, bis ich den Fall dem Aedil meldete. Einer der Mieter, der Mime Aristophanes, war beherzt und scheuchte die Bewohner aus den Wohnungen ins Freie. Es gelang ihm sogar noch, die Straße zu evakuieren, bevor das Haus des Berytos zusammenkrachte. Niemand verlor sein Leben, dank diesem Aristophanes. Wir ahnten, es hätte auch eine Menge Blut und Tränen fließen können.

Wir schlenderten zur Rechten am Tempel der Magna Mater[10] vorbei, dem ältesten sakralen Gebäude des Palatins. Dort kristallisierte sich die Idee des unbesiegbaren Rom. Romulus errichtete die erste Mauer, Remus sprang leichtfertig darüber und verlachte den Bruder wegen der zu geringer Höhe. Romulus tötete daraufhin Remus mit dem Schwert: Nie wieder soll ein Mensch über diese Mauer springen. Unter unseren Schritten ruhte der Schutt der republikanischen und monarchischen Jahrhunderte. Roms Mythenwelt. Mein Begleiter, alt im Vergleich zu mir, schien in sich versunken. Als das Bauerndorf Rom seine historischen Konturen gewann, stand Hellas schon in voller Blüte. Es kolonisierte die Gestade des Mittelmeers: Iberien, Gallien, Sicilien, Süditalien, während Cicinnatus seinen römischen Acker pflügte. Wir ließen die Domus Augustana und die Domus Livia zur Linken liegen, näherten uns dem Apollo-Tempel, zu Zeiten des göttlichen Augustus ein reger Treffpunkt für Senatoren, Geschäftsleute, Anwälte, Müßiggänger, Bittsteller. Heute war der Tempelhof fast leer. Lärm und Staub von den Baustellen hatten Müßiggänger und Schwätzer vertrieben. Es war aber auch eine andere Zeit angebrochen. Die Alten jammerten der Republik nach, die Jungen bereits dem Zeitalter des göttlichen Augustus.

Wir erreichten die Bibliothek. Sie war schon unter Kaiser Augustus eingerichtet worden. Vorher gab es nur eine einzige öffentliche Bibliothek in Rom, die des Asinius Pollio, Zeitgenosse Caesars. Auf Weisung Domitian's wurde in Rom und im ganzen Reich energisch der Bestand an Büchern ergänzt und modernisiert. Bibliothekare schickte man nach Alexandria, um Kopien griechischer Klassiker, Philosophen und Naturkundiger für Rom zu erwerben. In Rom schon lagernde Kopien wurden mit den Originalen in Alexandria verglichen, um deren korrekte Übereinstimmung zu sichern. Domitian ließ den augusteischen Bau der Bibliothek auf dem Palatin auf das Niveau des neuen Palastes anheben, gestützt auf die alten Fundamente. Die Bibliothek hatte zwei Stockwerke und war, überdacht durch Tonnengewölbe, symmetrisch geteilt in zwei gleich große Hallen von je 15 x 15 Klafter, die lateinische und griechische Publikationen getrennt beherbergten. Die Regale für die Schriftrollen waren in achtzehn Mauernischen eingepaßt und reichten zwei Klafter hoch. Zum Obergeschoß gelangte man über Treppen zu einer umlaufenden, hölzernen Galerie auf den Simsen der Mauernischen. In beiden Flügeln rundete sich der Raum gegenüber dem Eingang zu einer Apsis, in der eine Statue stand. In der Bibliothek wurden auch literarische Lesungen abgehalten. Im Reich wurden außer lateinisch und griechisch noch eine Unzahl andere Idiome gesprochen, manche hatten ihre eigene Schrift, aber Übersetzungen waren kaum aufzufinden. Mein Freund Sosigenes witterte da eine Marktnische und legte Übersetzungen ägyptischer, hebräischer, babylonischer, phönizischer Texte aus. Kein Geschäft, sagte er, es geht ums Prinzip. Dieses Verdienst wird einmal auf meinem Grabstein zu lesen sein. In welcher Sprache? fragte ich.

"Plutarchos, Du versuchst eine Brücke zu schlagen zwischen Rom und Hellas. Was sagen Deine Bekannten in Rom dazu?"
"Sie wundern sich. Was gäbe es da noch zu tun? Es lebten doch genügend Griechen in Rom. Das hört sich beinahe an wie: Eigentlich sind es schon zu viele."
"Ist das noch ein Thema: Rom und Hellas?"
Ich wollte wissen, wie Plutarch über das Verhältnis zwischen gebildeten Römern und Griechen dachte. Mit Tissaphernes, dem griechischen Bauingenieur war ich befreundet. Er mekkerte an Rom nicht herum, stellte nur fest: Die römische Bautechnik ist griechisches Erbe. Einverstanden. Jedoch, auch von den Etruskern haben die altrömischen Bauleute gelernt. Tissaphernes gab es zu. Mein Verhältnis zu Chrysippos, dem Hausarzt meines Patrons Fabius Pulcher, war gespannt. Er verachtete meine Ingenieursarbeit bei Frontinus als eine ungeistige Tätigkeit. Sie entspreche der *Dürftigkeit* des römischen Denkens. Ist das Arbeitspensum erledigt, langweile sich der vornehme Römer. Nie käme er auf die Idee, es wäre nun Gelegenheit zur Muße. Reflektierendes Denken über Ereignisse,

den Menschen, die Welt, wertvolle Zeit ließe er verstreichen. Was waren die Themen des Römers? Kostspieliger Müßiggang. Er lebte von der Angeberei mit ruhmvoller Vergangenheit. Wovon redete er? Von Profiten aus seinen Landgütern, Wagenrennen und Gladiatorenkämpfen, der Trägheit und Schlampigkeit des Hauspersonals, Beschwerden über verstopfte Straßen, den Gestank der Latrinen, dem Gelichter in den nachtdunklen Gassen. So der griechische Arzt Chrysippos, der recht einträglich von den geschmähten Römern lebte. Ach, wie froh sind wir, daß wir ihn haben! Plutarch ließ sich Zeit mit einer Antwort:
"Ich lebe nicht in Rom. Wie Römer und Griechen im Alltag miteinander zurechtkommen? Dazu kann ich nichts sagen."
"Gibt es etwas, das Dir an Rom mißfällt?"
"Es ist Roms selbstherrliche Art, mit den Provinzen umzugehen. Jedenfalls wir Hellenen wollen als Partner anerkannt sein, nicht nur als das Reservoir von Ärzten, Pädagogen und Statuen. Wir in Achaia hatten Glück mit unserem vorletzten Gouverneur. Es war Gallio, der ältere Bruder Senecas, ein charaktervoller Mensch. Trotzdem konnte er nicht verhindern, daß Kaiser Nero persönlich kam, die Provinz mit seinem Gesang nervte und nebenbei einige Schiffsladungen mit Skulpturen, Säulen, Gefäßen für seine Domus Aurea mitgehen ließ. Er versprach in einer gestenreichen Rede, den Isthmus bei Korinth zu durchstechen, um den Seeweg von Italien nach Athen zu verkürzen. Vor den Gaffern schleppte Nero persönlich den ersten Korb Erde weg. Aus dem Projekt wurde aber nichts."

"Plutarchos, der gebildete Römer sieht Hellas nicht so, wie Du es befürchtest. Die Unterwerfung Griechenlands waren geballte, militärische Aktionen gegen einzelne Stadtstaaten. Solche Niederlagen sind für die Völkerschaften der Griechen keine Schande. Dem Rad der Geschichte greift niemand in die Spei-

chen. Habt Ihr Euch nicht einst in den Schlachten bei Marathon und Salamis tapfer und siegreich gegen die Großkönige der Perser gewehrt? Euere militärischen Ruhmestaten liegen ein paar Jahrhunderte zurück. Sind sie vergessen? Nein. Sie sind in den Granit der Geschichte gemeißelt. Holt Eure großen Philosophen aus ihren Gräbern und laßt sie wieder über die Agora wandeln! Man wird auf sie hören. Bedenke, wir leben in einem Jahrhundert des Umbruchs, wo frische Saat aus dem Moder sprießt. Die Staatsidee wandelte sich von der Republik zum Prinzipat. Was ist wirklich Souveränität in der Geschichte? Ein römischer Legionär mit Schild und Schwert in Siegerpose oder das unvergängliche Wort eines Philosophen Aristoteles oder Platon?" Mein Begleiter lächelte liebenswürdig und nahm mich beim Arm:
"Ich danke Dir, Rufus. Du sprichst mir aus der Seele. Mein Anliegen ist es, solche Gedanken den intellektuellen Kreisen Roms bewußt zu machen. Trägheit neigt dazu zu vergessen. So halte ich Vorträge in den vornehmen Zirkeln, lade interessierte Geister zu mir nach Chaironea zu einem Gedankenaustausch ein."
"Du gibst Dein Möglichstes für Hellas, Plutarchos. Deshalb hast Du wohl auch das Buch mit den *Doppelbiographien*[14] geschrieben, den Lebensgeschichten prominenter Gestalten der römischen und griechischen Geschichte. Du hast jedem Römer einen vergleichbaren Griechen gegenüber gestellt. Romulus-Theseus; Marcus Cato-Aristeides, Cicero-Demosthenes; Caesar-Alexander; Coriolan-Alkibiades, Sulla-Lysandros und so weiter. Originell ist die Idee, wird sie aber auch verstanden?"
"Ich hoffte es, bin aber nicht mehr zuversichtlich. In ihren Charakteren und Lebensläufen mögen sich zufällige Parallelen zeigen, mir kam es indessen darauf an, die Gleichrangigkeit zu betonen. Rom und Hellas auf gleicher Stufe. Wen interessiert das in Rom?"

"Die Biographien aus Hellas sind alle Gestalten der Klassik."
"Auch in Griechenland fanden die Doppelbiographien keinen Widerhall, eher Empörung: Wie durfte ich es wagen, Griechisches überhaupt mit etwas anderem zu vergleichen! An Arroganz können wir es mit den Römern aufnehmen."
"Du kamst zu spät, Plutarchos."
"So ist es wohl. Mit Alexander von Macedonia ist auch Hellas untergegangen. Es wurde Provinz und blieb Provinz, politisch wie geistig."
"Wobei ich Alexander nicht zu den Griechen, jedoch zu den Großen rechne."
"Sein Auftreten signalisierte ein neues Zeitalter. Aristoteles war noch sein Lehrer. Athen aber hatte seine kulturgeschichtliche Mission erfüllt. Es wurde wieder zu einer verschlafenen Stadt. Die Philosophen waren begraben, ihre Gespenster trieben sich in den Straßen herum."
"Ich komme nicht umhin, Alexanders Leistung als geschichtlich einmalig zu bewundern. Seine spektakulären Feldzüge haben die Landkarte nicht dauerhaft verändert. Aber er hat eine Synthese aus dem griechischen und dem orientalischen Erbe – Ägypten, Babylon, Persien – zustandegebracht. "
"Das ist wohl wahr: Alexandria, Antiochia, Pergamon – da wird selbst Rom blaß."
"Und was trägt Rom zu der kulturellen Expansion bei?" Plutarch suchte nach einer gerechten Antwort.
"Rufus, kurz gefaßt: Der körperlich Schwächere erzeugt Ideen, der Stärkere trägt sie in die Welt hinaus. Rom hat ein Imperium geschaffen. So etwas wäre keiner griechischen Polis gelungen. Die Geschichte fügte uns zusammen als ein Paar."
"Die Anfänge liegen lange zurück. Ich darf Dich erinnern an die Ausstrahlung der hellenischen Pflanzstädte in Italien auf das bäuerliche Rom. Die Römer mußten nicht erst nach Achaea übersetzen, um Griechenland näher zu kommen. Es

lag ja vor der Haustür. Die Legionäre marschierten nach Neapolis, Posidonia, Tarantum, eroberten Syracusa, Selinus, Agrigentum auf Sicilien. Es sind heute römische Städte, wie die ehemals etruskischen Nachbarorte Roms: Veii, Caere, Tarqinii."
"Mit einem Unterschied, Rufus: Wer spricht heute noch etruskisch? Wer spräche heute noch Griechisch von den gebildeten Römern, wäret Ihr zu Hause geblieben? Aber Ihr wolltet ja auch Hellas unterwerfen, die Wiege der griechischen Kultur. Seid nach Achaea gesegelt, habt Korinth dem Erdboden gleich gemacht, unsere Statuen fortgeschleppt – und habt Euch die griechische Sprache wie Flöhe eingehandelt. Geschieht Euch recht." Ich mußte lachen:
"Hellas war eben stärker als Etrurien. Du und ich, wir führen sogar unseren Dialog in Griechisch. Da siehst Du, Plutarchos, was aus einer römischen Eroberung werden kann. Wer hat hier wen erobert? Wir Römer sind *graeculi*."
"Daß ich mit Dir Griechisch spreche, Rufus, ist kein kulturelles Zeugnis. Es ist ein Armutszeugnis. Mein Latein ist nämlich miserabel. Ich verspreche Besserung. Laß mir Zeit. Ich schäme mich, daß ich nicht einmal imstande bin, Vergil und Ovid im Original richtig zu lesen. Die Gebildeten in Rom sind alle zweisprachig."
"Es die Faszination der griechischen Sprache, die die Menschen anzieht. Sie dient auch der Unterscheidung zwischen den Gebildeten und dem Pöbel. Das nur nebenbei."
"Selbst der ewig zeternde Cato lernte im Alter Griechisch, sagte man mir. Obwohl er die Graeculi zutiefst verabscheute."
"Auf diese Anekdote würde ich keinen Eid schwören, Plutarchos. Das Leben des alten Cato ist einer der zahllosen Mythen, mit denen sich die römische Geschichte schmückt. Auch Mythen sagen freilich etwas Wahres aus: Hier ist es die Wertschätzung der griechischen Sprache. Eine tiefe Verbeugung."

Plutarch blieb stehen und lächelte verschmitzt:
"Rufus, ich muß Dir eine Anekdote erzählen – sie ist sogar wahr: als ich seinerzeit mit Mestrius Florus bei Kaiser Vespasian vorsprach, um ihn um das römische Bürgerrecht zu bitten. Er sah mich mit gespielter Strenge an und fragte, wie es mit meinem Latein bestellt sei. Nicht sehr gut, mein Kaiser, gestand ich. Nun, Plutarchos, antwortete Vespasian, von mir aus kannst Du reden, wie Dir der Schnabel gewachsen ist, nicht aber wenn Meister Mestrius *Flaurus* zugegen ist. Vespasian schmunzelte genüßlich: Er hatte tatsächlich *Flaurus* statt *Florus* gesagt. Mestrius Florus wurde es unbehaglich, er begann zu schwitzen. Der Kaiser deutete mit dem Finger auf ihn: Mir versuchte dieser Herr den latinischen Dialekt abzugewöhnen, indem er mich etwa mahnte, nicht *plostrum* zu sagen, sondern *plaustrum*[12]. Nun, ich bin ein konsequenter Mann, also kein ‚o' mehr, sondern nur ‚au', und deshalb heißt mein Sprachlehrer für mich nicht mehr *Florus*, sondern Mestrius *Flaurus*."
"Ein Goldenes Zeitalter der Redefreiheit, Plutarchos. Mach heute einen Witz über das Kaiserhaus – das kann Dich den Kopf kosten."
"Es ist ein Kommen und Gehen in der Geschichte."
"Wie wirken auf Dich die atmosphärischen Veränderungen in Rom?"
"Ich passe mich den Umständen an, versuche kein Ärgernis zu erregen, ich bin Gast hier und habe nicht mitzureden." Plutarch blieb stehen, legte die Hand auf die linke Brust: "Ich trage mein Chaironeia in mir, von daher komme ich, dahin kehre ich zurück. Chaironeia trotzt den Zeitläuften, es liegt am Rande der Geschichte, seit ein Löwe vor seinen Toren wacht. Es verändert sich nicht."

Wir näherten uns von Süden her der Domus Flavia, die die Bauten der kaiserlichen Regierung beherbergte. Das mehrstöckige Speisehaus mit dem Triclinium war von zwei offenen Räumen mit Nymphäen flankiert. Sie wurden von pausbäckigen Wasserspeiern gespeist, zum Vergnügen von drei Nixen, die hier ihr Bad nahmen. Die Gäste hatten während des Gastmahls durch die durchbrochenen Wände einen Ausblick auf die Wasserspiele. Des Kaisers stand Tisch auf einer erhöhten Apsis an der Südseite. Von hier aus hatte er alle Gäste im Blick. Die mächtige Figur eines Prätorianers stellte sich uns in den Weg: Wer seid ihr? Wir wollen zu Rabirius. Kommt mit! Durch das rechter Hand gelegene Nymphäum marschierten wir zu dem Innenhof eines Peristyls mit einem achteckigen Wasserbecken in der Mitte und von einem quadratischen Porticus eingefaßt. Zur Rechten zog sich eine Wand aus kappadokischem Marmor, auch *Spiegelstein*[16] genannt, in dem wir unsere Konterfeis scharf gezeichnet erkennen konnten. Die Wandverkleidung war auf ausdrückliche Weisung von Domitian angebracht worden. Der Kaiser hatte das Peristyl für seine einsamen Rundgänge vorgesehen, niemand sollte ihm dabei unerkannt folgen.

"Plutarchos, sage mir Deine Meinung zu dem neuen Palast des Kaisers!"

"Oh, da muß ich mich zurückhalten. Solch ein prächtiger Palast stellt Ansprüche an meine Urteilskraft, die ich nicht erfüllen kann", und mit einem Augenzwinkern: "Ich bin seiner nicht würdig."

"In Deinem munteren Scherz steckt Kritik."

"Nun, der Palast ist überwältigend, allein durch seine Dimensionen. Und dann die Architektur: Harmonisch fügt sich ein Teil zum andern, wie aus einem Guß. Betrachtet man das Innere der großartigen Empfangshalle, der Aula Regia, so wird die Wucht des Monumentalen gemildert durch eine fast ver-

spielte Auflockerung der Wände durch Nischen mit Statuen zwischen korinthischen Ziersäulen und Architraven. Der Fußboden ist mit dezent gemasertem Marmor belegt, die Decke aus paneeliertem Holz gefertigt, und durch das Gitterwerk der großen Fenster fällt strahlendes Licht in die Halle, um die Düsternis zu vertreiben. Verstehst Du, mein Haus in Chaironeia ist etwas kleiner."
"Rom ist die Mitte eines riesigen Imperiums. Es muß sich angemessen repräsentieren. Es muß imponieren. Der Kaiser kann Vasallenfürsten aus dem Kaukasus oder Nordafrika nicht in einer Schilfhütte empfangen. Auch seine Statthalter müssen spüren, daß sie es mit dem mächtigsten Herrscher der Erde zu tun haben. Und das Volk, das sich dem Kaiser bei den Salutationes mit Bittschriften nähert, will einen Herrscher im Glanz der Insignien seiner Macht sehen." Was war das für eine schwülstige Sprache, die sich meiner bemächtigt hatte – so, als schliche Domitian horchend hinter uns her. Da sagte Plutarchos:
"Die Pracht dient auch der Einschüchterung."
"Aber Dir und mir gilt sie nicht. Wir sind einfache Leute."
"Rufus, täusche Dich nicht. Die Absicht der Einschüchterung gilt jedem. Es trifft nur jene härter, die den Kaiser fürchten. Aber ich bin ein kleiner Mann aus Chaironeia. Ich darf mir ein Urteil über Rom nicht erlauben."
"Das hört sich an wie ein Vorbehalt."
"Nun, Du hattest mich vorhin gefragt, wie ich die Verwandlungen Roms in der letzten Zeit empfinde. Laß Dir so viel sagen: Der kaiserliche Palast in seiner Majestät verfehlt nicht seinen Eindruck auf mich. Freude indessen kann ich nicht empfinden. Damit ist Deine Frage von vorhin beantwortet."
"Plutarchos, ich könnte Dich beneiden um Dein Chaironeia in diesen düsteren Zeiten. Aber ich muß wohl ausharren hier. Es gibt für mich keine Alternative zu Rom."

"Dann besuche mich wenigstens in Chaironeia. Du bist mir herzlich willkommen."
"Ich verspreche es. Aber habe Geduld. Ich muß erst hier klar kommen. Domitian winkt mit einem lukrativen Auftrag für meine neue Firma."
"Es hat keine Eile. Aber versuche einmal, Rom aus dem Blickwinkel von Chaironeia zu betrachten!"
"Du meinst, die dörfliche Langeweile Chaironeias würde meine Sehnsucht nach Rom unstillbar werden lassen?"
"Warten wir es ab!"

Weilte Plutarch in Rom, war er ein beschäftigter Mann. Er pflegte Kontakt mit Schriftstellern, Gelehrten, Künstlern, Politikern. Seine Vorträge, in denen er über lebensnahe Anwendungen philosophischer Maxime sprach, waren gut besucht. Er liebte den pointierten Witz, verwob seine Rede mit Anekdoten und Fabeln. Wegen seines menschenfreundlichen Umgangs war er populär, sein Rat war gefragt, und er reiste wohl auch in offizieller Mission für griechische Gemeinden, die die Kosten übernahmen. Seinen Anspruch, gleichrangiger Partner Roms zu sein, stellte niemand in Frage. Er fühlte sich als Brückenbauer zwischen Hellas und Rom. Obschon Plutarch in seinem Denken der Stoa zuneigte, galt er nicht in strengem Sinne als Philosoph. Er vertrat kein eigenes theoretisches System. Gelegentlich stieß er auf Widerstand: Man hielt ihm vor, er sei blind gegenüber den Realitäten der Politik – ein unkritischer, romantischer Idealist, der dem Streben nach Harmonie moralische Konsequenz opferte. Es verwunderte, daß er zu dem kalten, distanzierten Domitian ein ebenso freundschaftliches Verhältnis hatte wie zu den volksnahen Vorgängern Titus und Vespasian. Er pflegte auf solche Vorwürfe schlicht zu antworten: "Ich bin ein Mensch und will es bleiben. An den bestehenden politischen Umständen kann ich nichts ändern." Als ich ihm sagte, wie mich manche rohe Züge der römischen Gesellschaft abstießen, hörte er mir ruhig zu und dachte lange nach. Schließlich sagte er: "Mache Dir keine übertriebenen Vorstellungen von der Moral der Griechen. Sklaven werden bei uns schlechter behandelt als in Rom. Frauen genießen kein gesellschaftliches Ansehen, sie werden im Haus eingesperrt. Wenn zwei benachbarte Städte sich bekriegten, fand der Sieger nichts dabei, Frauen und Kinder zu massakrieren. Im Gegensatz zu den Römern, kennt der Grieche keine Dankbarkeit gegenüber seinen Großen. Themistokles wurde ins Exil getrieben und fand Asyl bei unseren Todfeinden am persischen Hof. Die Geschichte rühmt unseren Kampf gegen die Perser. Unrühmlich dagegen ist es, wie wir uns im Peloponnesischen Krieg zerfleischten, so daß wir eine leichte Beute der Mazedonier wurden."

In der Aula Regia trafen wir auf Rabirius, der uns zuwinkte, woraufhin sich der Prätorianer zurückzog. Der Architekt war in Gesellschaft eines angegrauten Herrn in der Toga und einer jungen Frau. Plutarch kannte die beiden:
"Das ist Valerius Papius, Proconsul von Africa, und seine Tochter Myrites, die sich Myra nennt."
Wir wurden freundlich empfangen, und Myra warf mir einen neugierigen Blick zu. Der Proconsul war zur Berichterstattung nach Rom gereist, wo er auf dem Esquilin ein Stadthaus besaß. Als er sich mit Plutarch sogleich in ein Gespräch über den neuen Palast vertiefte, zog ich Myra ein paar Schritte abseits. Sie war ein berückend hübsches Mädchen von Anfang zwanzig mit gelocktem, dunklen Haar und tiefdunklen Augen. Später erschien sie mir älter, weil sie bereits eine ungewöhnliche Reife erreicht hatte. Darüber wunderte ich mich immer wieder. Sie lachte dann und sagte: Das liegt im Blut. Ein Geschenk der Götter. Sie war in Rom geboren, aber schon als Kind mit

ihren Eltern in die Provinzen gereist. Sie kannte Antiochia und Alexandria, hatte ihre letzten Jahre in Utica verbracht. In Utica war der gesellschaftliche Umgang recht bescheiden. So hatte sie Zeit zu lesen. Sie kenne Rom ganz gut, meinte sie, von früheren Besuchen. Ich aber möchte Myra Rom zeigen, wie sie es nicht kennt. Na gut, sagte sie und lachte strahlend.

Die unsichere Donaufront hielt den Kaiser in Atem, während den Römer auf der Straße das Geschehen an den Reichsgrenzen nicht interessierte. Domitian unternahm nichts, das Volk für sich zu gewinnen, wohl wissend, er würde eine unglückliche Figur machen. Die Erinnerung an die leutseligen Kaiser Titus und Vespasian verblaßte nicht so rasch, im Gegenteil wurde deren Regierungszeit nostalgisch verklärt. Unter den Alten jammerten einige sogar dem Monster Nero nach, unter dem es sich, da er die Regierungsgeschäfte schleifen ließ, trefflich leben ließ. Mit seinen unstreitbaren militärischen und administrativen Erfolgen stand Domitian da wie ein Händler, der seine Ware nicht los wurde. Er konnte seine Leistungen weder dem Volk noch dem Senat schmackhaft machen. Letzterer wünschte dem Kaiser eher eine Kette von Fehlschlägen, bis sich aus den Legionen ein neuer Aspirant auf das Prinzipat erheben und ihn beseitigen würde. Ein Rückgriff auf die Erfahrungen des Vierkaiserjahrs 69. Am Neujahrstag 89 ließ sich tatsächlich Gaius Antonius Saturnius, der Statthalter von Obergermanien – übrigens ein Einheimischer – von seinen Truppen zum Imperator ausrufen. Er plünderte die Kasse mit dem Guthaben der Soldaten, um die Hilfsdienste germanischer Stämme zu bezahlen. Die Chatten waren bereit, mitzumachen. Es setzte jedoch Tauwetter ein und verhinderte den Übergang der Rebellen über den Rhein. So brach der stümperhafte Aufstand zusammen. Saturnius wurde ermordet.

An der Donau gelang es, die Daker auf dem Schlachtfeld zu schlagen, von einer militärischen Besetzung des Landes sah Rom jedoch ab. Der Kaiser schätzte seine militärischen Kräfte als zu schwach ein. König Decebalus war ein zäher, geschickter Gegner, nach zwei Jahren trügerischer Ruhe griff er die Römer wieder an. Domitian lenkte ein und schloß mit dem Daker einen brüchigen Waffenstillstand. Tacitus, der jetzt in der Provinz einen Posten innehatte, hätte den Vertrag mit Decebalus als *unrömisch* bezeichnet. Es schien, als hätte sich der dakische König die Waffenruhe gut bezahlen lassen. Der Kaiser, wiewohl auf militärische Lorbeeren stets erpicht, bewahrte im Ernstfall einen kühlen Kopf.

Domitian ließ mich rufen, um sich meine baulichen Ideen hinsichtlich der Gladiatorenkaserne am Flavischen Theater anzuhören. Er nahm sich Zeit. Ich durfte ihn auf seinem Rundgang um das Peristyl der Casa Flavia begleiten, das von den Wänden aus Spiegelstein eingefaßt war. Der Kaiser schien in angeregter Laune, denn nach ein paar belanglosen Sätzen wechselte er von Latein ins Griechische.
"Meine Feldherren und die Kurie lernen nicht aus der Geschichte", begann er. "Eine verlorene Schlacht ist für sie ein Drama, ein Vertrag mit dem Feind eine Schande, wenn nicht wir ihn mit eiserner Faust diktieren. Eine Streitmacht muß jedoch ihre Kampfkraft und Ausdauer richtig einschätzen. Es ist doch ganz simpel: Ich kann die Anzahl der Legionen nicht vermehren und die Länge der Reichsgrenze nicht kürzer machen. Zur Zeit der Punischen Kriege war die Lage einfacher. Der edle Patrizier denkt noch immer in den Schablonen von anno dazumal, als müßten wir die Schlacht bei Zama schlagen. Während ich, der Princeps, die Strapazen einer Reise an die Front auf mich nehme, bleiben die Herren Senatoren auf ihren Hintern hocken und geben mir gute Ratschläge."

"Mein Herr und Gott, ich nehme an, Deine Rede bezieht sich auf die Situation in Dakien."
"Das ist nicht schwer zu erraten."
"Wie soll es da weitergehen? Decebalus ist eine harte Nuß. Aber Du hast einen Vertrag mit ihm."
"Gut, daß Du mich daran erinnerst", meinte Domtian anzüglich. "Was würdest Du vorschlagen, Rufus?"
"Lade den Daker nach Rom ein, mache ihn zum Vasallen, wie den armenischen König."
"Ach ja. Da macht Decebalus aber nicht mit. Er ist mißtrauisch. Er macht keinen Schritt über die Donau ohne sein Heer. Er hat recht: Rom würde er nicht lebend verlassen. Fällt Dir noch etwas anderes ein?"
"Das hängt von dem König ab, wonach es ihn gelüstet. Du könntest versuchen ihn zu locken: Sein Dorf aus Holzhütten verschönern, wie wir es mit den Provinzstädten getan haben: Straßen, Bäder, Tempel, Paläste, Wasserleitungen: also römische Zivilisation zuerst, dann stille Unterwanderung."
"Hast Du einen Begriff davon, wie lange eine friedliche Zivilisierung dauert? Das kann ich dem Senat doch nicht verkaufen!"
"Du könntest Agrarexperten und Ingenieure schicken."
"Würdest Du nach Dakien gehen, Rufus?"
"Wenn Du es befiehlst, mein Herr und Gott."
"Du könntest dort Deinen Freund Berytos besuchen, den Hausbesitzer." Domitian weidete sich hämisch an meinem Schrecken. Dann fuhr er in normalem Ton fort: "Ich will, daß es an der Grenze ruhig ist. An einer Eroberung von Dakien liegt mir im Augenblick nichts, andererseits brauche ich Land für meine Veteranen. Ich würde sie gern als Pioniere nach Dakien schicken. Decebalus wird da nicht mitmachen – noch nicht. Woanders habe ich kaum noch Landgüter zu vergeben.

Das Klima in Dakien ist angenehm, nicht so heiß wie in Afrika, nicht so kühl wie in Britannien."
Domitian blieb stehen und betrachtete sein Porträt in dem Spiegelstein. "Es war meine Idee, mit dem teueren, polierten kappadokischen Marmor die Wände im Peristyl zu verkleiden. Sie sind tatsächlich wie ein riesiger Spiegel. Ich sagte zu Rabirius: Ich will sehen, was hinter meinem Rücken vorgeht, wenn ich meine Runden drehe. Und da hat er geantwortet: Du wirst vor allem immer Dich selbst sehen. Er nimmt sich allerhand heraus. Tritt ein paar Schritte zurück, Rufus! Ich will sehen, ob ich es rechtzeitig wahrnehme, wenn sich mir ein Meuchelmörder nähert. Hast Du einen Dolch bei Dir?"
"Nein"
"Hat Dich die Wache gefilzt?"
"Nein."
"Was für eine Gelegenheit hast Du verpaßt, Rom von seinem Tyrannen zu befreien!"
"Mein Herr und Gott, wenn ich Dir sage, daß ich Dich liebe, glaubst Du mir vielleicht nicht. Dann laß mich Dich daran erinnern, daß ich auf Deine Kosten in einer Luxuswohnung lebe. Das ist bequem, und ein wenig Dankbarkeit empfinde ich auch." Domitian wandte sich abrupt nach mir um:
"Ich vertraue niemandem. Bei Dir kommen mir allerdings Zweifel."
"Wie sollte ich Dir Schaden zufügen – ich, Dir dem Princeps."
Domitian sah mich durchbohrend an:
"Oh doch. Es könnte schon sein." Mit einem Male begriff ich. Was ist, wenn sich sein Mißtrauen auch gegen mich kehrte – etwa, daß ich die Geschichte unserer Flucht vom Capitol zum Tiber ausplaudern und ihn somit bloßstellen könnte? Seine Apologeten waren gerade dabei, die Episode zu schönen: Von einer Flucht war da nicht mehr die Rede, sondern von tapferem Ausharren. Ich sagte:

"Als junger Mensch habe ich – vermutlich im Schlachtgetümmel – durch einen Hieb auf den Kopf das Gedächtnis verloren. Ich weiß nicht, wie ich nach Rom gekommen bin. Ich erinnere mich undeutlich an einen lodernden Brand. Ich glaube, ein Tempel stürzte zusammen."
"So, das weißt Du noch? Ich möchte Dich warnen: Das ist alles, an das Du Dich erinnerst. Kannst Du Dir das merken? Andernfalls... alles klar, ja?" Er wandte sich wieder der Wand aus Spiegelstein zu.: "Wenn ich bei meinen einsamen Wanderungen auf den spiegelnden Marmor schaue, ist es meine Glatze, die ich erblicke. So häufig wollte ich sie wahrlich nicht sehen."
Er zog eine verdrießliche Grimasse: "Weißt Du was es heißt, Rufus – Du mit dem vollen, roten Haar – wenn schon in zarter Jugend die Glatze beginnt, sich über deinen Kopf wie ein Ameisenschwarm auszubreiten und nur ekelhafte Schuppen zurück läßt?"
"Ist das Haar so wichtig? Mir scheint, gerade die bedeutendsten Römer hatten eine Neigung zur Kahlköpfigkeit – denke an Iulius Caesar."
"Ich habe sogar eine Schrift über Haarpflege verfaßt", sagte Domitian.
"Ich habe sie gelesen, mein Herr und Gott. Der Verleger Sosigenes schenkte mir ein Exemplar zu den Saturnalien."
"Hat Dir die Schrift gefallen?" Wie schrumpft doch die Statur eines gebieterischen Kaisers, wenn ihn die Eitelkeit packt.
"Ja. Es wird wegen Deiner Schrift vielleicht nicht weniger Kahlköpfe in Rom geben als zuvor. Auch der Haarwuchs liegt in den Händen der Götter. Aber die Kahlköpfe werden es nicht mehr als persönliches Unglück empfinden, wenn sie den Verlust des Haares mit ihrem Kaiser teilen. Deine Schrift hat etwas Tröstliches." Er blieb stehen:
"Ich tröstlich?" Domitian schüttelte den Kopf: "Das hat noch niemand von mir gesagt."

Als er mir damals auf dem Capitol über den Weg lief, schutzlos und in großer Bedrängnis, habe ich ihm spontan meine Hand zur rettenden Flucht gereicht. Wir waren zusammen durch das Feuer gerannt. Ich war mit einer gelben Tunika bekleidet, mit meinen roten Haaren klar als ein Fremder aus dem Norden zu erkennen. Er hingegen, in seinem weißen Byssusgewand, wäre er ein leuchtendes Ziel für den rasenden Pöbel gewesen, also warf ich ihm den braunen Kapuzenmantel des unbekannten Galliers Avarix über. Ich suche mich an das blasse, vom lodernden Feuerschein erhellte Gesicht zu erinnern. War das schon Domitian? War das schon ich, der ich jetzt bin? In diesem Augenblick bin ich ihm körperlich wieder so nah wie damals, daß ich nach seiner Hand greifen könnte. Es ist aber alles ruhig, der Tempel des Jupiters steht nicht in Flammen, kein grölender, randalierender Mob zieht vorbei, um zu brennen, zu morden. Es wäre ein unwahrscheinlicher Zufall, wollte sich in diesem Augenblick ein Meuchelmörder auf den Kaiser stürzen. Ich würde ihn wieder retten. Es war eine schicksalhafte Tat. Bedeutete ihm diese Episode etwas? Mußte er, dem es als Kind an liebevoller Zuneigung mangelte, nicht empfänglich sein auch für die geringste Geste von Zuneigung, woher auch immer? Wenn ich dann an diesem Punkte angekommen war, erschien mir mein Kaiser nicht mehr so unberechenbar, so tückisch, ja so bösartig. Er wird zu einem Menschen mit seltsamen Marotten, voller Mißtrauen und verborgenem Haß gegen jene, die ihm schaden wollen und die er, einen nach dem anderen, töten wird, um seines Lebens sicher zu sein. Aber er wird damit nie an ein Ende kommen. Es ist die Angst, nicht das Böse, das ihn umtreibt. Es wäre wider die Logik, mir nach dem Leben zu trachten, was immer er sonst an mörderischer Schuld auf sich lädt. Was für ein unwichtiges Opfer wäre ich auch, ich, der Peregrinus aus der Provinz. Noch hat keiner versucht, Hand an Domitian zu legen, und schon ist er wieder auf der Flucht vor Mördern. Es sind andere als damals, keine zufälligen Marodeure, sondern eine Hydra mit hundert nachwachsenden Köpfen. Wer wird ihm dieses Mal beistehen?

Als wir das Ende des Peristyls erreicht hatten, bog Domitian nach rechts ab in Richtung des Teiches, in dessen Mitte sich der Minerva-Tempel erhob, erreichbar über eine schmale Brücke. Minerva, die Göttin der Weisheit und Wissenschaften, verehrte ich ebenso wie der Kaiser. Zu ihren Ehren wurden jährlich in großem Stil die Panathenaeischen Spiele in der Villa Albano ausgetragen. Poeten, Redner und Gladiatoren traten gegeneinander an. Domitian warf einen Blick in das Heiligtum, dann lehnte er sich bequem an die Brüstung über dem Wasser.
"Rufus, was habt ihr eigentlich in dem Alexandriner-Haus alles getrieben?"
"Alexandriner und Römer haben sich zu naturphilosophischen Diskussionen getroffen, und gelegentlich wurden Rechnungen und Experimente durchgeführt."
"Welche?"
"Mein Herr und Gott, Du hattest mir einen Goldbarren ausgehändigt, den ich auf ungesetzliche Zumischungen von Kupfer oder Silber prüfen sollte. Solche Aufgaben haben wir im Alexandriner-Haus durchgeführt. Ein anderes unserer Ziele war, die Verfälschung von Mörtel und Beton durch Zumischungen von Sand nachzuweisen. Es ist äußerst schwierig, wenn sich die unerlaubten Zumischungen in Grenzen der Nachweisbarkeit halten. Trotzdem halte ich die Forschung auf dem Gebiet für dringlich. Andere Versuche beschäftigten sich mit Heron's Dampfblase mit dem Ziel, die Dampfkraft auszunutzen."

"Interessant, Rufus. Was Rom braucht, ist keine philosophische Akademie mit Schwätzern – die sollen sich lieber von mir fernhalten, wenn ihnen ihr Leben lieb ist. Was uns not tut, ist eine Ingenieur-Schule."
"In der Wasserdirektion unter der Leitung von Iulius Frontinus werden bereits Ingenieure für die Wassertechnik ausgebildet. Für die Bautechnik ließe sich Ähnliches arrangieren."
"Dann mach mal, Rufus!"
Da hatte ich vermutlich zu viel versprochen: Wie viele Insulae gab es in der Stadt? Wer sollte die überwachen? Brandschutzvorschriften! Edikte sind unwirksam, wenn niemand mit einem Prügel dahinter steht, oder hohe Bußen drohen. Wer sollte bestraft werden: der Eigentümer, der Vermieter, der Untervermieter etc. Die Praxis der Mietverhältnisse war undurchschaubar. Die Fluktuation war stark, das Kommen und Gehen käme niemals zum Stillstand. Da kapituliert auch der Kaiser. Immerhin: Mit Iulius Frontinus erarbeitete ich ein schlüssiges Konzept zur Verbesserung des Feuerschutzes, dazu gehörten: Brandwachen in jeder Doppelregion auf Türmen mit Signaleinrichtung; Anlegung eines Netzes von Löschteichen; Einrichtung einer Läufertruppe zur Übermittlung von Nachrichten; Feuerwehrtürme nach Art der Belagerungsmaschinen mit Doppelkolbenpumpe, Schläuchen aus Segeltuch, Steigleitern; regelmäßige Löschübungen; drakonische Strafen für überführte Brandstifter: Das Vergehen, angestiftet oder ausgeführt, soll als Majestätsbeleidigung verfolgt werden. Der bisherige Haus- und Feuerschutz war Flickschusterei und auf zufällige Informationen von Delatoren angewiesen. Dem Kaiser gefiel das nicht, er wollte Professionalität. Er reagierte indessen zurückhaltend, wenn es darum ging, die Baubranche zu dengeln. Sie war ein Staat im Staate und hatte die Republik und schon etliche Kaiser überlebt. Es war ein verwirrendes Geflecht von Interessen, das niemand durchschaute, auch der Kaiser nicht..

"Möchtest Du informiert werden über das das Konzept des Ludus Magnus[14], mein Herr und Gott?"
"Die Verbindung zum Amphitheater – unterirdisch?"
"Ja."
"Hast Du ein Vorbild für das Projekt?"
"Die Polizeikaserne in Ostia. Die Anlage gruppiert sich um einen rechteckigen, von Portiken eingefaßten Innenhof, an dem die Räume der Gladiatoren liegen. Der Hof beherbergt ein kleines Amphitheater mit Tribünen für Übungen und Schaukämpfe. In den vier Ecken des Hofs sprudeln Brunnen. Wir veranschlagen für den Bau drei Geschosse. Angeschlossen sind die Räume für die *Matrosen aus Ostia*[15], die Pflegestation für Gladiatoren, das Waffenlager, der Entkleidungsraum für die Toten, der Aufenthaltsraum für die Tierkämpfer."
"Du hast an alles gedacht, Rufus. Gut, Du hast den Auftrag."
Die vier wachhabenden Prätorianer, die versäumt hatten, mich nach einem Dolch zu durchsuchen, wurden am nächsten Tag enthauptet.

Abb 47 Aula Regia

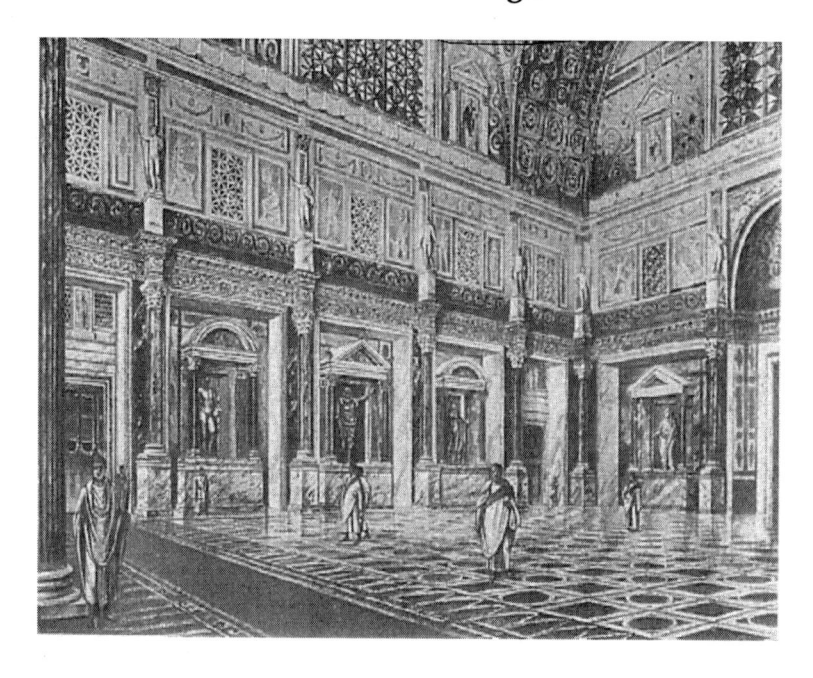

4 Melancholie der Priscilla

Tacitus machte keinen Hehl aus seiner Aversion gegen alles, was er für unrömisch hielt. Er verabscheute den Pöbel, der mit seinem Schmutz, seinem Schweiß, seinem Geschrei durch Roms Gassen wogte. Die Zuwanderung hatte inzwischen nachgelassen, Sklaven als Importware wurden knapp. Aber Rom war durch die Vielfalt seiner Gesichter für immer geprägt. Der dunkel getönte, orientalische Typus beherrschte das Bild. Tacitus hielt auch nicht viel von Galliern, Iberern, Griechen. Nur Germanen fanden bei ihm Gnade. Wiewohl Barbaren zum Fürchten, gemahnte ihre – vermeintliche – Sittenstrenge doch an die altrömische Werteskala. Sie imponierten ihm nicht zuletzt wegen der schmachvollen Lektion, die sie den Römern in der Schlacht im Teutoburger Wald erteilt hatten. Auch äußerlich, wenn schon ungewaschen, hoben sie sich von dem Gewusel in Roms Mitte angenehm ab: hochgewachsen, blond, blauäugig. Tacitus konnte, wenn er über die Überfremdung Roms debattierte, sehr heftig werden. Trotzdem hat mich bei ihm der Ausbruch von Haß überrascht, als ich einmal die christliche Minderheit und die grausame Verfolgung, die ihr durch Kaiser Nero widerfahren war, zur Sprache brachte. Es war bei einem Spaziergang in Plinius' Landgut Laurentum.
"Cornelius Tacitus, wo bleibt die vielgerühmte Toleranz Roms, wenn Anhänger eines fremden Glaubens als lebendige Fackeln verbrannt werden?"
"Das war Nero's Idee. Er verbreitete die Mär, die Christen hätten die Brände gelegt."
"Niemand glaubte an diese Beschuldigung. Das Volk genoß zwar das schaurige Schauspiel in Nero's Gärten, dann aber regte sich auch Mitleid mit den unschuldigen Opfern."
"Die Grausamkeit war unnötig, weil sie der Befriedigung niederer Gelüste diente. Solches ist immer verwerflich."

"Haben die Christen überhaupt Strafe verdient?" Tacitus blieb stehen und sah mich an, als hätte ich etwas sehr Dummes gesagt.

"Was denkst Du, Rufus! Natürlich verdienen sie Strafe, ob sie nun Brandstifter sind oder nicht. Man muß sie ausrotten."

"Wieso denn das?" Ich war fassungslos: Priscilla, Milo, Malthus, Iulius – was hatten sie denn verbrochen?

"Sie folgen einem Irrglauben - gut, damit könnte man sich abfinden. Aber die abscheulichen Rituale."

"Glaubst Du im Ernst, sie schlachten Kinder und verzehren Menschenfleisch?"

"So sagt man. Sei es auch übertrieben, ein Körnchen Wahrheit ist immer daran."

"Ja freilich: daß sie statt der Kinder ein Lamm schlachten und sein Fleisch nach ihrem Gottesdienst essen. Da hast Du das Körnchen Wahrheit."

"Sie pflegen geheime Zusammenkünfte. Sie reden in Bildern, die niemand versteht. Ihre Sprache ist überheblich. Sie beschimpfen unsere Götter. Sie schotten sich von der Bevölkerung ab. Sie wollen mit Rom nichts gemein haben. Ihre Haltung ist staatsfeindlich. Diese Menschen sind Schädlinge wie die Rebläuse am Weinstock."

"Aber ausrotten? Gehst Du da nicht ein wenig zu weit?"

"Rufus, höre gut zu: Sollte ich einmal das Konsulat erreichen, werde ich Kaiser und Senat überzeugen, diese sogenannten Christen seien auszurotten. *Ceterum censeo...* Ich würde auch meinen besten Freund nicht verschonen. Ich gebe mich freilich zufrieden, wenn man sie in die Bleibergwerke oder Steinbrüche schickt, statt sie hinzurichten."

Die Mitglieder der christlichen Gemeinde in Rom steuerten sich selbst ins Unglück. Der Römer hat für eine Selbstaufopferung nur Verständnis, wenn sie dem Vaterland zur Rettung

dient oder zur Ehre gereicht, nicht aber für einen obskuren Gott, von dem nicht einmal ein Bildnis existiert. Neben ihrer Weigerung, dem Kaiser zu opfern, eiferten die Christen gegen Rom als Metropole, die vermeintliche Hure von *Babylon* – wie sie auch jener Petrus, der Rivale des Saulus Paulus, nannte. Von fanatisierten Mitgliedern wurde verbreitet, das große Feuer bedeute das Ende der römischen Herrschaft, und die Rückkehr des Messias stünde bevor. Damit war offenbar der Gründer der Sekte, Jesus Christus, gemeint. In solch dreisten Reden schwang die Genugtuung mit, daß Rom brannte. Da schien es nur ein kurzer Schritt zu vorsätzlicher Brandstiftung, und darauf stand nach dem uralten Zwölftafelgesetz der Tod. Diesen inszenierte das Monster Nero genüßlich. Die Christen, die man unmittelbar ergreifen konnte, nähte man in Tierhäute und ließ sie von Hunden zerfleischen oder ans Kreuz nageln und verbrennen. Eine zweite Welle der Verfolgung erfaßte die Opfer infolge Denunziation. Glaubensgenossen gaben die Namen unter der Folter preis – vielleicht auch freiwillig. Es existierte unter den Christen vermutlich eine von Paulus inspirierte Fraktion, die es mit Rom hielt. Die Bruchlinie des jungen Christentums verlief auch hier zwischen den Wurzeln der gesetzestreuen Juden und der getauften Heiden. Meine Wut über die Debatte mit Tacitus ließ ich an der ahnungslosen Priscilla aus:
"Erkläre Du mal einem praktisch denkenden Römer, daß es sich bei Eurem Abendmahl nur um symbolisches Fleisch und Blut handelt. Könnt Ihr Eure Religion nicht in einer Sprache vermitteln, die jeder versteht? Römer sind Bauern, Soldaten, Techniker, keine obskuren Hexenmeister." Priscilla sah mich erstaunt an:
"Was gibt es da zu erklären, Rufus? Du hast es doch erlebt als unser Gast: Wir brechen das Brot, trinken den Wein und sagen im Namen von Christus: Dies ist mein Fleisch, dies ist mein

Blut. Was soll der Aufstand um Worte, die niemanden etwas angehen außer uns getaufte Christen?"
"So sehen das Eure heidnischen – oder jüdischen – Nachbarn nicht. Aus allem, was sie nicht kapieren, können sie Euch einen Strick drehen. Warum laßt Ihr nicht einmal Vernunft über Euren Eifer siegen? Hat nicht Euer Christus gesagt, als er eine römische Münze mit dem Bildnis des Kaisers in der Hand hielt: Gebt dem Kaiser, was des Kaisers ist, und Gott, was Gottes ist. Das ist doch ein Wort! Glaubst Du, er hätte damit nur die Steuern gemeint?"
"Deine Rede erinnert mich an Paulus, wenn er predigte: Versündigt euch nicht an der römischen Obrigkeit! So hat es mir mein Vater erzählt."
"Was er Euch vermutlich nicht gesagt hat: Opfert dem Kaiser, denn er ist kein Gott von der Art, wie Ihr es versteht. Der Begriff Gott steht für das römische Imperium. Euer Opfer für den Kaiser ist nichts weiter als ein Treuegelöbnis auf den römischen Staat und seinen Princeps."
"Das leuchtet mir ein", sagte Priscilla. "Aber stelle Dir vor, ich würde als einzelne Person dem Kaiser opfern. Dann träfe mich der Bannfluch der Gemeinde. Im Grunde leben wir wie in einer Festung. Wir können nicht über die Mauer springen. Das Schlußwort hat der Vorsteher der Gemeinde."
"Eine Gemeinde, doch mit zwei Parteien: Die eine, die orthodoxe, hängt dem Petrus an, die andere, die modern heidnische, dem Paulus." Es widerstrebte mir, daß ich politisch dem Paulus recht geben mußte: Er war ein Stratege, sah über die zeitlichen und räumlichen Grenzen des römischen Imperiums hinaus.

Milo erklärte mir kurz und bündig, er habe bei Vestinus gekündigt und als Bademeister bei Novatus in der Subura eine Stelle angenommen. Ich kannte die Badeanstalt von Repara-

turarbeiten, auch den Betreiber Novatus, der gallische Vorfahren hatte und sich jetzt zum christlichen Glauben bekannte. Für Milo war es ein Rückschritt, für mich persönlich eine herbe Enttäuschung. Milo, mein Thermenmeister! Mit ihm zusammen hatte ich die Titus-Thermen gebaut. Welch einer Illusion hatte ich nachgehangen: Milo als mein Nachfolger bei Frontinus! Flüchtig kam mir der Gedanke, Chrysippos nach allen Erscheinungsformen der Melancholie zu befragen. Was wäre der Nutzen? Ich antwortete Milo:
"Wenn Du mir etwas sagen möchtest, ich bin für Dich da."
"Danke, Rufus." Er umarmte mich. Ich versuchte ihn zu verstehen, aber es machte mir Mühe. Ich würde nicht weiter in Milo dringen. Statt dessen fragte ich Tissaphernes:
"Was war mit Milo nicht in Ordnung?"
"Milo ist ein netter Kerl, aber er ist dem rauhen Klima einer Baufirma nicht gewachsen. Was soll ich mehr sagen? Ich mache über alle meine Leute eine Leistungsbilanz. Da schnitt er nicht gut ab."
"Kannst Du das etwas genauer sagen?"
"Ist das noch wichtig?"
"Für mich ja."
"Nun, er wurde mit seiner Arbeit nicht fertig. Er begriff nicht, daß bei einem Bauprojekt ein Rad ins andere greift. Er grübelte zuviel, rechnete immer wieder nach, ob er nicht einen Fehler gemacht hatte. Dabei ist die Verzögerung eines Termins weit schlimmer als ein Fehler im Angebot, worüber man immer noch reden kann."
"Er arbeitet wieder als Bademeister."
"Ich weiß, was Dir durch den Kopf geht, Rufus. Aber wir können Milo nicht in unsere neue Firma übernehmen. Er wäre ein Klotz am Bein, und überdies täten wir ihm gar keinen Gefallen. Laß ihn in Ruhe. Er muß selbst zu sich finden."

Als wir auf dem Rücken nebeneinander lagen, kam Priscilla unvermittelt auf meinen Traum zu sprechen, der schon so lange zurücklag: Auf meiner Wanderung durch die Hängenden Gärten der Semiramis hatte ich Priscilla in einer Grotte entdeckt. Sie vergaß niemals etwas. Sie vergaß nichts, das in ihrer trübsinnigen Gedankenwelt einen Platz finden konnte. Das hätte ich rechtzeitig wissen müssen. Wir liebten uns, und ihre heftige Zärtlichkeit erinnerte an die Verzweiflung einer Ertrinkenden. Wenn der Rausch vorbei war, verdüsterte sich ihre Stimmung.
"Was öffnest Du vermodernde Gräber? Ich war von einer Pilzdroge umnebelt. Es war nicht ein Traum, sondern ein Trugbild."
"Du batest mich um Verzeihung, und es war gar nichts Schlimmes vorgefallen. So wie im Traum hast Du nie zu mir gesprochen."
"Priscilla, auf meine Frage, ob Du mich liebst, war Deine Antwort: Ich weiß es nicht."
"Es war Dein Traum, nicht meiner. Er ist Deinem Gehirn entsprungen. Du fühlst Dich im Innern schuldig, gleichzeitig zweifelst Du an meiner Liebe." Ich sagte nichts. Vielleicht löste ein wohltuender Schlaf die Spannung. Nach einer Weile fing sie wieder an: "Wir kämpfen gegeneinander – so scheint es. Aber es sind Dämonen, die uns befallen haben. Wir können nichts dafür." Sie griff nach meiner Hand: "Wir wollen die bösen Dämonen verscheuchen." Abrupt richtete sie sich auf und stieß mich zurück: "Laß Dir nicht einfallen, Dich mit einem anderen Weib herum zu treiben. Dann sollst Du mich kennen lernen!" Ihre Stimme war schrill. Sie scherzte nicht. Sie verstand überhaupt keinen Spaß.
"Was wäre wohl meine Strafe?"
"Daß Du mich bis zu Deinem letzten Stündlein nicht vergißt."
"Das ist keine Strafe."

"Warte ab! Du wirst mich begehren, aber ich bin unerreichbar, selbst in Deinen Trugbildern. Die Grotte in den Gärten der Semiramis wird leer sein. Ich bin gegangen."
"In Gedanken würde ich Dich umarmen."
"Das wirst Du nicht schaffen. Ich werde mich Deinen Armen entwinden."
"Wie kannst Du als Christin so grausam sein?"
"Ich bin nur grausam, wenn mir jemand sehr weh tut. Für mich ist es eine Frage der Selbstachtung. Als erstes bin ich Frau. Dann kommt alles andere."
"Du bist rachsüchtig, Priscilla."
"Ist Rache ein Vorrecht der Männer?"
"Am Ende würdest Du mir verzeihen. Das bist Du Deinem Gott schuldig."
"Mein Gott fragt nicht nach mir. Seit meiner Kindheit warte ich auf seine Antwort." Sie sah mich entsetzt an, dann warf sie sich schluchzend auf mich: "Mein Liebster, was reden wir nur für einen Unsinn? Es ist allein meine Schuld – nein, nicht meine..." Wenn sie noch etwas sagen wollte – Tränen erstickten ihre Worte. Der Abschied von Priscilla war stets voller Sehnsucht und ohne Freude. Welche Antwort erwartete sie vergeblich von ihrem Gott?

Als sich meine Nerven beruhigt hatten, durchkreuzte Myra meine Gedanken. Myra, die schöne Frau, die mir in der Aula Regia auf dem Palatin begegnet war. Ihr aufreizendes Lächeln verfolgte mich. Es verschwand auch nicht, als ich meine Wohnung erreicht hatte und es mir bequem machte. Mein Hausdiener hatte mir einen Krug Wasser und eine Schale mit Obst auf den Tisch des Arbeitszimmers gestellt. Ich zündete den Leuchter an und starrte auf die Trauben und Pfirsiche, als wollte ich sie zum Sprechen bringen. Ich konnte nicht schlafen, mir war es recht so. Mein Herz klopfte. Myra! dachte ich. Welcher gütige oder listige Gott hatte sie mir gesandt, um meinen Schicksalsweg wieder in eine andere Richtung zu lenken! Merkur, wer sonst. Er schuldete mir Dank für die vielen Weihesteine, die ich ihm gesetzt hatte. Alles fing einmal an mit Alauda... Ich sprach schon, als gehörte mir Myra, und Priscilla hatte mich ahnungsvoll vor ihr unerbittliches Tribunal gezerrt, die Strafe vorauseilend angedroht: unstillbare Sehnsucht nach ihr und Einsamkeit. Und sie würde recht behalten. So weit war ich mit meinen Befürchtungen noch nicht gekommen. Auch Myra hatte ihre Pläne. Die Frauen lesen in mir wie in einem aufgerollten Papyrus. Nur mir entgeht, was da geschrieben steht.

An manchen Tagen blieb ich länger in dem Haus am Tiber, las in dem sogenannten Marcus-Evangelium, brach wieder ab und grübelte, horchte auf Priscillas gleichmäßige Atemzüge, begleitet von dem Plätschern des Wassers in der Wäscherei. Endlich fand ich Ruhe, fand zu mir selbst. Priscilla war sprunghaft, sie lag immer auf der Lauer und beobachtete mich mit Mißtrauen. Ihre Stimmungen wechselten abrupt, und manchmal fragte ich mich, ob sie Theater spielte. Wurde sie mit ihren Widersprüchen geboren? Oder war sie so geworden? Was wußte ich schon von ihrem Leben! Hatte der rätselhafte Paulus, obschon lange im Grab, eine posthume Macht über sie? Sie hatte den Oberpriester nur als Kind gekannt. Er wird das Mädchen kaum beachtet haben. Ich griff wieder zu seinem *Brief an die Römer*, den mir Sosigenes geliehen hatte. Vielleicht mußte man seine Schriften gründlicher studieren, um daraus schlau zu werden. Ich stieß auf die Passage, in der er über die gottlosen Heiden herzieht: ...*voll von aller Ungerechtigkeit, Schlechtigkeit, Habgier, Bosheit, voll Neid, Mord, Hader, List, Niedertracht. Zuträger, Verleumder, Gottesverächter, Frevler, hochmütig, prahlerisch, erfinderisch im Bösen, den Eltern ungehor-*

sam, unvernünftig, treulos, lieblos, unbarmherzig. Und er setzt noch eines drauf: *Sie wissen, daß die, die solches tun, nach Gottes Recht den Tod verdienen. Aber es ist nicht allein ihre Sünde, sondern sie haben auch Gefallen an anderen, die Böses tun.* Und an anderer Stelle: *Tempelräuber und Ehebrecher, Gemeine und Menschenräuber, Vatermörder, Muttermörder, Menschenmörder, Lügner, Meineidige, Unzüchtige und Knabenschänder...*
Ich ließ den Papyrus angewidert sinken. Er sprach sich nicht aus, warum er die Christen vor seinem Erweckungserlebnis so schrecklich verfolgte. Da er voll inbrünstigem Haß war, mußte er wohl etwas Zerstörerisches tun. Auch nachher hielt sein jähzorniges, aufbrausendes Temperament an. Seine Briefe, von denen ich noch einige andere überflog, waren in einem majestätischen Ton gehalten, der von vorneherein Diskussion oder gar Widerspruch ausschloß. Seine tyrannische Rechthaberei wirkte einschüchternd. Falls er die Wahrheit spräche, und wer möchte bei der Eloquenz dieses Mannes daran zweifeln, dann wäre jedermann von Verdammnis bedroht, der gegen Saulus-Paulus aufzubegehren wagte. Ich hätte den Centurio Iulius um Auskunft bitten können, aber der war schwer erkrankt. Ich vertraute mich daher Sosigenes an:
"Du weißt ja über diesen Paulus der christlichen Gemeinde gut Bescheid. Hattest Du ihn persönlich getroffen?" Sosigenes sah mich einen Augenblick schweigend an.
"Nein, nicht persönlich. Das konnte ich mir ersparen."
"Dann sage mir: Was hatte der Mann an sich, daß ihm die Leute heute noch nachrennen, wohl ihn auch fürchten, als lebte er noch. Mir erscheint er wie ein Dämon, der ihnen die Köpfe verdreht."
"Warum kümmerst Du Dich um ihn? Was geht er Dich an? Wozu willst Du ihn verstehen?"

"Mir scheint, er hat Priscilla verhext, womöglich schon als Kind. Ihre Launen schwanken heftig zwischen Euphorie und Trübsinn."
"Priscilla ist ihm sicher nicht zugetan, im Gegenteil: Sie wird ihn verabscheuen. Sie ist eine stolze Frau. Trotzdem könnte sie etwas Böses abbekommen haben." Sosigenes stand auf und entnahm einem Fach eine Papyrusrolle. "Das hier ist ein Brief, den er an die Gemeinde in Korinth geschrieben hat. Ich lese Dir ein paar Zeilen vor." Er rollte den Papyrus auf, fand die Stelle: *"...Über die Jungfrauen hat mir Gott nichts offenbart. Ich äußere hier meine private Meinung, jedoch als einer, der durch die Barmherzigkeit des Herrn Vertrauen verdient. Ich meine nun, es sei gut, daß der Mensch ledig bleibe, um sich allerhand Not zu ersparen. Hast du schon eine Frau, dann bleibe bei ihr, wenn du noch ledig bist, dann suche nicht nach einer. Sünde ist es nicht, wenn du heiratest, auch die Jungfrau sündigt mit einer Verehelichung nicht, doch stehen ihnen schwere Zeiten bevor, und davor möchte ich euch bewahren."*
"Eine solch alberne Belehrung schluckt Priscilla nicht, auch wenn sie vielleicht nicht auf eine Heirat scharf ist."
"Aber wie jedermann, der aus dem Juden-Christentum, kommt, ist sie im Konflikt, inwieweit sie der Lehre des Paulus folgen soll. Paulus selbst hatte ja eine zerrissene Seele: Als ehemaliger Pharisäer predigte er im Tone des jüdischen Gesetzes, vor allem in seiner Strenge. Gleichzeitig nahm er sich viele Freiheiten heraus, vor allem sollte der Weg zu jenem Erlöser Christus immer über ihn führen."
"Er war ein Spinner: Die Ehe ist doch etwas ganz Normales."
"Dann höre weiter, ich habe mir noch einige Sentenzen aus seiner Feder notiert." Sosigenes wühlte in einem Kasten mit Wachstäfelchen. *"Die Frau ist lediglich ein Abglanz des Mannes ... sie stammt vom Mann... sie wurde um des Mannes willen geschaffen. Die Frauen sollen sich unterordnen und in der Gemeinde*

schweigen. Ein Weib soll in der Stille in aller Untertänigkeit lernen, ihr ist nicht gestattet, daß sie lehre, der Mann ist ihr Herr, und sie halte ihren Mund. Nicht die Frau verfügt über ihren Leib, sondern der Mann."
"Im Römerbrief gesteht er: *Ich weiß, daß in meinem Fleisch nichts Gutes wohnt.* Damit hat er kaum sein Problem mit den Augen gemeint. An anderer Stelle erwähnt er nachlassende Sehkraft."
"Also, Rufus, was steckt nun wirklich hinter seinem Haß auf Frauen?"
"Ich könnte mir eine komplizierte Erklärung ausdenken, wie etwa: Griechische Einflüsse gesellschaftlicher Art, dessen hervorragendste Vertreter in dem Widerstreit zwischen Leib und Seele das Fleischliche bis zur Selbstkastration abzutöten versuchen, um sich auf das Geistige konzentrieren zu können... Und so weiter. Frauen standen einem solch hehren Ziel natürlich im Wege."
"Nein, das war nicht sein Problem, Rufus. Öfters beklagt er den Stachel in seinem Fleisch. Das ist ziemlich eindeutig. Er war wie jeder Mann einfach geil, Frau hin, Frau her. Jetzt magst Du raten, was er für ein Problem hatte."
"Saulus Paulus war impotent."
"Vieles spricht dafür. Ich weiß es nicht. Eine Kastration hätte ihn gewiß von seinen Nöten befreit."
"Mit milderer Sinnesart wäre er sympathischer gewesen, er hätte Freunde gewonnen."
"Andererseits, Rufus: Die christliche Gemeinde wäre nicht so stark geworden. Wenn dieser jüdisch-christliche Gott den Paulus zu seinem Werkzeug auserwählt hat, paßte wohl die Impotenz in seinen Plan."
"Sosigenes, vielleicht war er auch schwul. Saulus Paulus, der Hermaphrodit: Er bekämpft sein Fleisch, aber es ist ein Ringen ohne Ende. Er gelangt nicht zur reinen Geistigkeit. Er ist weder Mann noch Frau. Er ist ein duales Wesen, eine Zwitterexi-

stenz, er kommt nirgendwo ohne Anstrengung an. Er versteigt sich in den Anspruch: Dieser jüdisch-christliche Gott ist in ihm und mit ihm, und in dessen Auftrag wird er die Menschen belehren, ermahnen, schulmeistern. Es ist des Gottes Wort, das jener ihm einflüstert."

Priscilla hatte wieder einen hysterischen Anfall. Seit kurzem mußten die Juden die Tempelsteuer an den römischen Fiskus entrichten. Der Kaiser war der Meinung, der Tempel in Jerusalem existierte nicht mehr - womit er recht hatte - und somit suchte die jüdische Gemeinde in Rom sicher einen neuen Adressaten für ihre Steuern. Das war am besten die Kasse des Kaisers, der sich um alle Nöte im Reich kümmerte. Domitian tat so, als hätten die Juden ein Problem, dem er abhelfen wollte. Die meisten Betroffenen waren willens, sich dem Steuergesetz zu beugen - wenn sie wirklich Juden waren. Ein alter Mann bestritt dies und verweigerte die Tempelsteuer. Er mußte antreten und nachweisen, daß er nicht beschnitten war. Domitian statuierte ein Exempel und sah sich den Penis des Juden persönlich an. Ich fand das nur konsequent. Priscilla jedoch fiel über mich her:
"Einem alten Mann darf man solch eine Schmach nicht antun."
"Priscilla, ein Kaiser darf alles. Und wieso Schmach? Ist das Glied des alten Juden etwas Heiliges? Wenn sich die Juden ihre Vorhaut abschneiden lassen, ist das ihre Sache und sie müssen alle Folgen bedenken. Was regst Du Dich über den Fall auf! Du bist Christin, nicht Jüdin." Aber sie ließ sich nicht beruhigen:
"Wir sind als nächste dran. Der Kaiser unterscheidet nicht zwischen und Juden und Christen. Für ihn kommen wir alle aus Iudaea."
"Und wenn schon: Das bißchen Steuer bringt Dich nicht um."

"Wenn es dabei bleibt!» Sie warf sich auf das Bett und weinte. Nach fünf Minuten stand sie auf, wischte sich die Spuren von Tränen vom Gesicht und ging wortlos in ihre Wäscherei. Sie ließ mich mit dem Gefühl zurück, ich sei an allem Kummer schuld, auch daran, daß der Kaiser den Penis eines alten Juden inspizierte.

Ich suchte ihren Bruder Milo in der Badeanstalt des Novatus auf. Als er mich sah, wurde seine Miene abweisend. Ich verstand seine Verlegenheit und kam sogleich auf mein Anliegen zu sprechen:
"Milo, ich kenne das letzte Geheimnis Deiner Schwester nicht. Was ist mit ihr? Versuche uns zu helfen, indem Du zu mir aufrichtig bist! "
"Wenn Du schon so fragst, Rufus, dann sage ich, was ich weiß. Ich bin des Versteckspiels überdrüssig." Wir gingen in sein Büro.
"Ich kann mir keinen Reim darauf machen: Der Kaiser läßt einen alten Mann kommen und inspiziert seinen Penis, ob er beschnitten ist. Jude oder nicht, ich weiß gar nicht, wie die Sache ausgegangen ist. Jedenfalls hatte der Alte behauptet, er sei kein Jude und wollte die Tempelsteuer nicht zahlen. Domitian lud den Alten vor. Und Priscilla dreht durch."
"Rufus, Du hast doch davon gehört: Nach dem großen Feuer von 64 suchte Kaiser Nero nach Sündenböcken für die Brände, und er verfiel auf die Gemeinde der Christen. Mein Großvater vertrat die Stelle des Petrus, und so war er unter den ersten, die sich die Schergen griffen. Als sie ihn fortschleppten, brach er unterwegs zusammen und starb an einem Herzschlag. Meine Eltern bargen heimlich seinen Leichnam und bereiteten ihn in einem befreundeten römischen Haus – es waren keine Christen – für das Begräbnis vor. Wir Kinder erfuhren davon nichts. In jenen Tagen konnte jedes unbedachte Wort schreck-

liche Folgen haben. Priscilla hing sehr an unserem Großvater und vermißte ihn. Sie ließ sich nicht beschwichtigen, rannte heimlich in die Stadt und geriet in die Gärten der Domus Aurea. Dort wurde sie Zeugin des Spektakels, als die Christen, ans Kreuz genagelt, wie Pechfackeln brannten. Später erzählte man uns das Märchen, die Christen seien tapfer als Märtyrer in der Nachfolge von Christi Leiden gestorben. Die Wirklichkeit war anders: Es war eine grauenvolle Szene, als sich die Menschen in ihrer Qual wanden und von ihren Schmerzensschreien schon heiser waren. Eine Masse von Zuschauern hatte sich eingefunden, aber sie schienen vor Schreck erstarrt. Eine Frau entdeckte meine Schwester und fragte entsetzt: Was machst du denn hier?' Priscilla weinte: Ich suche meinen Grovater. Brennt er auch? Die Frau nahm Priscilla und brachte sie in unser Haus. Sie erzählte alles meiner Mutter, die sie dann zu der Bahre meines Großvaters führte: Schau, er ist gestorben, wie wir alle einmal sterben müssen. Niemand hat ihm etwas zuleide getan. Aber in Priscillas Erinnerung gab es nur die brennenden Kreuze. Darüber ist sie nie hinweggekommen. Sie hat einfach Angst, selbst die Lappalie mit dem alten Juden jagt ihr Angst ein und sie spielt verrückt."

In diesen Tagen starb der Centurio Iulius, der Saulus-Paulus nach Rom gebracht hatte. Er war mit Priscillas Familie eng befreundet, und wurde auch mein Freund. Seine Aussage vor dem Prätor rettete mich vor einem schmählichen Mordprozeß, wahrscheinlich sogar vor dem Schlimmsten. Er war am Ende sehr krank, aber der Tod kam doch über Nacht. Die Trauer um diesen wackeren Mann, der aus Überzeugung, nicht kraft Überredung, Christ geworden war, der ein mitfühlendes Herz und viel Humor hatte, schnürte uns den Hals zu. Priscilla und Milo waren blaß und sprachen nicht, wir wichen unseren Blicken aus. Hier schied nicht nur ein guter Mensch von uns. Iulius ließ uns vielmehr wie Waisen in einem Rom zurück, auf das seit den Tagen des Titus immer dunklere Schatten fielen. Die um den Leichnam versammelten Menschen wußten es, niemand wagte indessen, die heimlichen Ängste in Worte zu fassen. Einmal trat ein Mann auf mich zu, fragte, wer ich sei, und ob ich mit dem Toten befreundet war. Ich zuckte zurück und verweigerte die Auskunft. Ich hätte mir denken können, daß sich ein Spitzel in die Trauerfeier eingeschlichen hatte. Iulius wurde an der Via Appia beerdigt.

Abb 48 Domus Augustana

Der jüngste kaiserliche Palast, Domus Domitiana, mit dem sich Domitian und sein Stararchitekt Rabirius für Jahrhunderte ein Denkmal von majestätischer Pracht und Würde setzten, (was sich von Neros verspielter Domus Aurea nicht so sagen läßt), teilte sich in eine administrative Einheit – Domus Flavia, dominiert durch die Aula Regia – und die Privatgemächer des Kaisers, Domus Augustana, die sich überwiegend im unteren Geschoß befanden, durch eine einfache Treppe erreichbar. Der Hippodrom wurde als reine Gartenanlage benutzt, nicht für sportliche Aktivitäten. Der Palast blieb bis zum Ende des Weströmischen Reichs in Benutzung, erweitert durch eine Thermenanlage des Septimius Severus.

5 Zuflucht in Pampinium

In den mondhellen Nächten floh mich der Schlaf. Das war mir willkommen. Ich betrachtete diese dritte Tageszeit als ein Geschenk Merkurs. Ich hatte verwegene und süße Träume, die für mich Wirklichkeit waren. In der letzten Zeit litt ich jedoch immer häufiger unter schlaflosen Nächten, die mir auch das Vergnügen des gütigen Vollmonds am Himmel raubten. Wegen meiner beruflichen Beanspruchung tagsüber konnte ich mir den Mangel an Schlaf nicht leisten. So suchte ich einen Heilkundigen auf, um mich zu beraten. Er war Grieche, eine Empfehlung von Chrysippos. Er verlangte ein hohes Honorar, war zum Glück ziemlich wortkarg, gab im Befehlston knappe Anweisungen. Er wollte meinen ganzen Lebenslauf wissen und mahnte mich:
"Wenn Du mir etwas Wesentliches unterschlägst, brauchen wir mit der Therapie gar nicht anzufangen." Er hielt ein Wachstäfelchen auf dem Schoß und wartete. Für mich war der Mann eine anonyme Person, es gab keinen Grund, etwas aus meinem mir bekannten Leben zu verschweigen – außer meiner frühen Bekanntschaft mit Domitian. Schlaflose Nächte wegen des Kaisers dürften in Rom keine Seltenheit sein. Dafür gab es kein Rezept. Ich sagte zu dem Mann:
"Ich habe mit etwa achtzehn Jahren mein Gedächtnis verloren. Der Vollmond beeinflußt meinen Schlaf. Ich habe eine Christin zur Geliebten. Ich leide, ohne einleuchtende Ursachen, unter Melancholie..." Und so fort. Dann unterbrach er mich:
"Welche Art von Gedanken gehen Dir durch den Kopf, die Dich vom Einschlafen abhalten?" Er fügte hinzu: "Ich meine zu der Zeit, wenn Du ein leichtes Kopfweh spürst. Dann ist es vorbei mit dem Schlaf für etwa zwei Stunden. Erinnere Dich an solche Augenblicke!" Priscilla ging mir durch den Kopf, jetzt Myra, zu der mich eine verzweifelte Sehnsucht erfaßt

hatte. Die Enttäuschung mit Milo, die Leere der Einsamkeit, seit Iulius, der Centurio, verstorben war. Oft waren es technische Probleme, die ich noch vor dem Einschlafen hin- und herwälzte.

"Nun, auch der Kaiser jagt mir Angst ein. Ich arbeite an einem Projekt für ihn."

Der Mann beobachtete mich, wenn ich sprach, machte sich Notizen auf sein Wachstäfelchen. "Welchen Göttern fühlst Du Dich am nächsten verbunden?"

"Merkur, Minerva, Bacchus, außerdem den Naturgottheiten, und meinen Laren und Penaten." Er fragte mich, ob ich für die Vorlieben der Götter eine Erklärung hätte. Ich sagte zu ihm: "Merkur hat mich geleitet, Minerva gelehrt, und Bacchus meine Stimmung erheitert."

"Wie kommst Du mit Deinen Sklaven zurecht?"

"Wir haben ein harmonisches Verhältnis zueinander. Sie bringen mich nicht in Verlegenheit, daß ich sie bestrafen muß."

"Hast Du nichts Wesentliches vergessen?"

"Gelegentlich besuche ich mein Landgut. Seine Sicherheit liegt mir am Herzen."

"In Wahrheit hast Du Angst", sagte der Heilkundige. "Du gibst vor, es sei des Kaisers Strenge, die Dich verängstigt. Dahinter verbirgt sich eine andere Furcht: die Rückkehr Deines Todfeindes Berytos. In einigen Jahren ist es so weit. Sagtest Du nicht 96?"

"Ich versuche, die Möglichkeit, ja die Sicherheit seiner Rückkehr zu verdrängen."

"Du kannst Dir nicht vorstellen, der Tod käme friedlich zu Dir ans Bett. Du fürchtest Gewalt. Es wäre Dir aber lieber, von des Kaisers Hand zu sterben als durch Berytos' Messer. Du bringst beide durcheinander."

Beim nächsten Termin brachte er mir einen Becher mit Wein, der offenbar ein Schlafpulver enthielt. Ich trank, streckte mich auf einer Liege aus, wollte an nichts denken, wie mir der Mann riet.
"Gefährlich wird es, wenn sich ein Gedanke nach dem andern aus jeweils dem vorhergehenden entwickelt. Diese endlose Kette, die Sucht nach Lösungen zu suchen, mußt Du unterbrechen und an etwas ganz Triviales denken: zum Beispiel an einen Hühnerstall. Ich bin in einer Stunde zurück." Er ließ mich allein. Ich nickte ein und wachte erquickt auf. So gut hatte ich lange nicht geschlafen. Die Prozedur wiederholte sich beim nächsten Termin, beim übernächsten, zusammen etwa fünfmal. Das Ergebnis war jedesmal das gleiche. Ich nickte ein, schlief wunderbar. Ich hatte den Mann im Verdacht, er wollte mich ausnehmen und stellte ihn zur Rede.
"Warst Du Deiner Therapie so unsicher, daß Du sie fünfmal wiederholen mußtest?" Er lächelte:
"Wie hast Du das letzte Mal geschlafen?"
"Wunderbar. Warum?"
"In dem Wein befand sich kein Schlafpulver mehr."
"Kannst mir das erklären?"
"Gewiß: Der Körper beginnt allmählich, seine eigenen Säfte zu produzieren, die genauso wirksam sind wie das Schlafmittel."
Jetzt erinnerte ich mich: Das hatte ich vor langer Zeit von Lentulus Corvus auf dem Velabrum gehört, als der Pöbel die Germanen massakrierte. Der Tod ist immer schon eine kurze Weile vorher da und hält beruhigend deine Hand, wenn du stirbst. Ich fragte mich bange, ob das auch in der Arena zutraf, wenn ein Delinquent grausam hingerichtet wurde: *ad bestias* – von wilden Tieren zerfleischt, *ad crucem* – ans Kreuz genagelt, oder *ad flammas* – am Pfahl verbrannt.

Ich faßte zu meinem Heilkundigen ein unbedingtes Vertrauen. Er hatte mich durchschaut. Er unterzog mich gymnastischen Übungen, die eine Entkrampfung der Muskeln und des Hirns herbeiführten. Er riet mir, gute Freunde ins Vertrauen zu ziehen – oder sogar Probleme in größerem Kreis zu diskutieren, um zu Lösungen zu kommen. Etwas gönnerhaft bemerkte er: "In Hellas ist das üblich. Fahre doch einmal zu einer Kur nach Epidauros." Und ein wenig anzüglich: "Da ist auch der Kaiser weit weg – und Berytos." Ich solle mir darüber klar werden, ob mir vom Kaiser wirklich eine Gefahr drohe. Ich sei doch in keinerlei Affären verwickelt, und die bloße Nähe des Kaisers, oder seine patzige Art – die seien doch nicht lebensbedrohlich. Er sagte aber auch:
"Trenne Dich von Deiner Gefährtin Priscilla. Die Art der Melancholie, an der sie leidet, ist nicht heilbar. Sie ist sogar ansteckend. Auch Melancholie ist eine Krankheit, sie erscheint als eine Fehlfunktion der Seele, ist aber eine ungute Mischung der Säfte. Meine Kollegen lachen mich aus, wenn ich darüber doziere. Sie wissen ja immer alles besser! Du aber bist ein kluger Mann, Rufus. Du weißt, wovon ich spreche." Ich ritt zu Lentulus Corvus und erzählte ihm von meinem Heilkundigen. Er war beeindruckt und sah mich mit großen Augen an:
"Wäre ich doch jünger! Was könnten er und ich auf die Beine stellen!" Fast flehentlich bat ich:
"Lentulus Corvus – es ist doch nie zu spät, so lange Du noch einen Atemzug tust." Das war ein Teil meiner allgemeinen Verzweiflung: Die Zeit rann mir davon. Erst Iulius, der Centurio, und nun vielleicht als nächster mein Nachbar, der kluge Militärarzt und Menschenfreund Lentulus Corvus, der dem Schreckgespenst des Schmerzes zu trotzen versuchte.

Plinius ließ mich durch einen Boten wissen, er möchte mich gerne in Pampinium besuchen und einen Freund mitbringen, nämlich Gaius Suetonius Tranquillus. Ich las: *Er ist jünger als ich, und – leider muß ich es sagen: damit noch viel jünger als Du, Rufus. Die Zeit rast dahin, schleift uns mit und beutelt uns, selbst ohne schlimmes Ungemach reicht es schon. Mein Freund Suetonius, kaum trocken hinter den Ohren, hat große Pläne und will sich Pampinium anschauen. Du wirst nichts dagegen haben, vielmehr Deinen einzigartigen, in unseren Mythen wurzelnden Eichenhain, ihm voller Stolz zeigen. Wieviel Weisheit steckt schon in dem jungen Mann, der sich als Refugium ein ursprüngliches Leben auf dem Lande vorstellt! Mein Laurentum hat er in Augenschein genommen, war aber nicht ganz zufrieden. Ich ahnte, was er vermißte. So empfahl ich ihm Pampinium. Laß Dich nicht täuschen durch seinen Zunamen 'tranquillus'. Er ist keine 'stille Natur'. Ich freue mich, daß ich bei der Gelegenheit auch mit Dir wieder sprechen kann.*

Auch wenn Plinius womöglich meinen Eichenhain interessanter fand als mich selbst, so gefiel mir doch seine Zuneigung zu Pampinium. Geschwächt wie ich war, seelisch und moralisch, freute ich mich auf den Besuch. Es störte mich nicht, daß ich Myra etwa zur gleichen Zeit erwartete. Der Proconsul gab seine Zustimmung – vermutlich nach Rücksprache mit Plutarchos – daß mich seine Tochter auf Pampinium besuchen durfte. Manchmal kommt mir der Gedanke, die Tyrannei des Princeps hat auch ihr Gutes – was er keinesfalls beabsichtigt: Sie läßt Gleichgesinnte zusammenrücken. Sie haben nichts anderes im Sinn, als ihre gegenseitige Nähe zu spüren. Keine garstigen Witze über Iulia oder Longina, keine aufmüpfigen Reden, kein Zündeln mit einem Aufruhr. Ein paar angenehme Tage in anregender Gesellschaft auf einem Landgut.

Noch saß mir der Schock in den Knochen, als Tacitus, des Plinius' hochgeschätzter Freund, sich so eloquent für die Ausrottung der Christen stark machte. Solche Haßtiraden waren bei Plinius nicht vorstellbar. Seine Menschlichkeit endete erst an der Schwelle des Gesetzes. Man mußte annehmen, daß kontroverse Themen zwischen den beiden Freunden ausgespart blieben. Nach vorsichtigem Sondieren hatte man die Grenzen abgesteckt. Tacitus wäre Plinius kaum auf die subtile Weise gefolgt, mit der jener Menschlichkeit und Menschenwürde immer wieder zum Thema machte. Die Freundschaft mit Tacitus beruhte hauptsächlich auf dem gegenseitigen Respekt vor dem intellektuellen Niveau, auf dem sich beide trafen. Man kann die beiden Antagonisten durchaus unterscheiden: Tacitus war Historiker, der Mensch für ihn geschichtliches Material, aus dem gelegentlich einige bedeutende Köpfe herausragten. Für Plinius war der Mensch ein Individuum, das sich in einem sozialen Umfeld recht und schlecht bewegte. Undenkbar, Tacitus hätte die folgenden Zeilen aus Plinius' Feder geschrieben:

Kennst du die Menschen, die, selbst Sklaven aller Leidenschaften, so über die Fehler anderer in Zorn geraten, als ob sie diese darum beneideten, und die diejenigen am strengsten bestrafen, die sie am meisten nachahmen? Und doch schickt sich auch für jene, die niemandes Nachsicht brauchen, nichts mehr als Milde. Und ich halte den für den besten und vollkommensten Menschen, der den übrigen so verzeiht, als ob er selbst täglich Fehler mache, und der sich so von Fehlern fernhält, als ob er niemandem verzeihe. Daher laßt uns zu Hause, in der Öffentlichkeit, in jeder Lebenslage an dieser Regel festhalten, daß wir uns gegenüber unerbittlich sind, nachsichtig aber gegen die, die nur sich selbst zu verzeihen wissen. Deshalb wollen wir uns das gut merken, was ein überaus milder und deswegen auch sehr bedeutender Mann, Thrasea Paetus, oft zu sagen pflegte: 'Wer die menschlichen Fehler haßt, haßt die Menschen.'

Plinius war von milder, verträglicher Sinnesart. Sein Lachen vertrieb das Zerrbild des zornigem Tacitus aus meinem Hirn. Nun machte er mich, noch immer fröhlich, mit dem neuen Gesicht Suetonius Tranquillus bekannt. Dieser war in dem Alter, als ich in Rom meine ersten, unsicheren Schritte machte und mit Hilfe der Götter in der komplizierten Metropolis Fuß faßte. Von meinen Freunden der gehobenen Klasse ahnte wohl niemand, wie schwierig der Anfang war, und daß ich meine verständnisvollen Begleiter von damals – Avarix, Sosigenes, Tissaphernes und andere – zu meinen Brüdern zählte. Das ist der Unterschied. Dieser Jüngling Suetonius würde Freunde finden und Karriere machen. Er war in der Provinz geboren, in Hippo Regius in Numidien, und nun war er nach Rom gekommen, fest entschlossen, Römer zu werden. Benötigte er die Hilfe von Brüdern? Sein Vater war höherer Offizier, gehörte dem Ritterstand an, hatte dem flavischen Kaiserhaus treu gedient. Suetonius machte einen sympathischen, aufgeweckten Eindruck, musterte mich mit kindlicher Neugier. Ich war der Besitzer von Pampinium, ich war Ingenieur, baute für den Kaiser. Das war mein ganzer Adel. Plinius wird ihm die Affäre mit Berytos verschwiegen haben, auch daß ich ohne römisches Bürgerrecht war, überhaupt wußte Plinius kaum ein biographisches Detail über mich. Lieber Suetonius, ich könnte dir recht aufschlußreiche Dinge aus meinem Leben erzählen: Von Entbehrung und Angst, von tödlichem Haß und schillernder Liebe. Von gelungenen Bauwerken, für die man mit einem Landgut belohnt wird. Von opulenten, ausgelassenen Geburtstagsfeiern voller Witz in der *EPONA*-Kneipe. Von meinen Träumen in den Mondnächten, in denen ich Roms intimste Geheimnisse erfahre. Wärst Du nur mein Sohn! Du könntest mir zuhören, aber auch dann müßte ich mit meiner schwer verdaulichen Belehrung noch einige Jahre warten, um Deine Unschuld, Deine Jugend nicht zu belasten. Du brauchst von

Rom nicht alles zu wissen, jedenfalls nicht verfrüht. Und ganz zum Schluß, ich werde dann längst nicht mehr sein, wirst Du erfahren, wie die Menschen in Rom sterben: in der Pose von Helden die störrischen, gichtkranken Republikaner, die Masse der anderen gleichgültig, manche auch erbärmlich in der Arena. Du mußt das begreifen: das ist Rom. Ertrage Dein Leiden an dieser Stadt mit dem stoischen Sinn der Altvorderen! Es hat alles seinen Preis. Aber Rom wird Dich belohnen für Deine Treue aus dem Füllhorn seiner Überraschungen. Du solltest es nicht mehr verlassen!

Ungeduldig schlug Plinius sogleich den Weg zu dem Eichenhain ein. Sueton blieb ein paar Schritte hinter uns zurück – sei es aus Höflichkeit, mein Gespräch mit dem illustren Gast nicht zu stören, sei es, daß sich der junge Mann mit allen Sinnen in die Natur versenken wollte, die ihn friedvoll und lind umhüllte. Die Schatten wurden länger. Über den Albaner Bergen versank die Sonne, die Campania ruhte in den verglimmenden, rötlichen Strahlen des späten Nachmittags.
"Was gibt Neues auf Pampinium, Rufus?"
"Ich wollte mir die Schufterei an der Getreidemühle nicht mehr mit ansehen. Also habe ich über eine Achse mit Getriebe das Wasserrad mit der Mühle verbunden. Die Wasserkraft ist eigentlich recht schwach. Aber wenn ich die Bewässerung abstelle, kann ich ein paar Stunden lang Korn mahlen. Ich habe auch an ein Hebewerk gedacht, das sich mit Windkraft betreiben ließe zum Füllen eines Hochbehälters. Damit hätte ich ein ideales Reservoir für die Bewässerung und wäre unabhängig von dem Wasserrad."
"Du tust recht, wenn Du auch an die Arbeitslast Deiner Leute denkst. Je mehr Du ihnen gibst, um so weniger nehmen sie sich eigenmächtig heraus." Ich wollte zum Punkt kommen:

"Hast Du schon einmal mit Christen zu tun gehabt, Secundus?"
"Nein. Sie sind ja eine geheime Sekte. Es wäre schwer, an sie heran zu kommen."
"Vor einiger Zeit starb ein Bekannter von mir, der zu meinen Gunsten in meinem Streit mit Berytos ausgesagt hatte..."
"Ich entsinne mich..."
"Es war Iulius, ein Centurio, der der christlichen Sekte angehörte. Ein aufrechter, wackerer Soldat."
"Ja – warum nicht?"
"Ich hatte einen Streit mit Tacitus: Er möchte die Christen allesamt ausrotten."
"Ach, er ist ein Hitzkopf. Höre nicht auf ihn!"
"Ich weiß, Ihr seid Freunde."
"Auch Freunde sind sich nicht immer einig. Über die christliche Sekte haben wir allerdings nie geredet. Ich bin kein Scharfmacher, das weiß Tacitus. Also hält er sich zurück."
Wir näherten uns dem Jupitertempel und setzten uns zu einer Rast nieder. Ich erzählte Sueton die Geschichte des Heiligtums, als ich den Göttervater anflehte, mich vor der Mordanklage des Berytos zu retten.
"Was für eine Geschichte!" murmelte Sueton. Ja, in Rom wachsen einem manchmal übernacht graue Haare. "Was würdest Du heute in der gleichen Situation tun – angesichts eines Hauses, das jeden Augenblick einstürzen kann?" fragte Sueton. Plinius schaute mich erwartungsvoll an.
"Ich würde unverzüglich das Haus von allen Bewohnern evakuieren und dann zu unserem guten Plinius gehen und ihn um Rechtsbeistand bitten."
Wir schlenderten zurück zum Haus, wo die Abendmahlzeit auf uns wartete. Ich fieberte dem Besuch von Myra entgegen. Ich erwartete sie morgen und verdrängte das erschreckte Antlitz von Priscilla, das sich eigensinnig zwischen meine Gedan-

ken schob. Sie schien hellseherisch von Myra zu wissen, bereits bevor diese meinen Weg gekreuzt hatte. Ich versuchte mich auf die Landschaft, auf den heiligen Hain zu konzentrieren, der nun in ein mystisches, wisperndes Dunkel sank. Ich wußte, mir war der Schutz der Götter gewiß. Sie waren launenhaft, jedoch ohne barbarische Strenge. Ihretwegen hätten sie niemals eine kriegerische Auseinandersetzung geduldet – wie der Gott des Flavius Josephus, dessen rastlosem Zorn das jüdische Volk zum Opfer gefallen war. An diesen Gott, den Gott eines unglückseligen Häufleins von Juden und Christen, mußte auch Priscilla glauben, sich ihm demütig unterwerfen – sie, die niemandem unrecht tat, die mit der Geißel der unheilbaren Melancholie geschlagen war. Warum stand ihr der rätselhafte Christus nicht bei, der in Menschengestalt selbst grausam gelitten hatte und die Nöte der Zeit verstand? Seine Biographie, das sogenannte Marcus-Evangelium, hatte ich, wie so viele Römer vor mir, mehrmals gelesen. Wo fand ich ihn jetzt? Der schwatzhafte, rechthaberische Saulus-Paulus redete von einem ganz anderem Christus: einem triumphierenden, fernen Gott, als hätte der bei den olympischen Spielen die Siegespalme gewonnen. Ich haßte diesen Paulus, der Priscilla den Weg zu Christus, dem Tröster, verstellte. Was war diese neue Religion überhaupt wert? Was war noch geblieben von der ursprünglichen Botschaft?

Daß ich mich mit Plinius gut verstand, über die soziale Barriere hinweg, hatte wohl zu tun mit der innigen Beziehung zur Natur, die wir teilten. Es war ein Thema, dem wir immer wieder nachsannen. Das diesige Grau der Dämmerung lag nun über dem Land, eine Weile war es still zwischen uns, wir horchten auf unsere Schritte im Sand, auf knackende Zweige, das gelegentliche Flattern eines erschrockenen Vogels. Dann erzählte Plinius von der Clitumnus-Quelle.

"Ich muß darüber sprechen – hast Du sie schon einmal gesehen?"
"Nein, Secundus, berichte mir!"
"Hätte ich sie nur früher schon einmal besucht!"
"Du bist zehn Jahre jünger als ich. Du kannst doch alles Versäumte nachholen."
"Das scheint so. Aber es gab eben Perioden in meinen noch jungen Jahren, da hätte ein religiöses Erlebnis, wie die Begegnung mit dieser Quelle, meinen Übereifer, meine Schwatzhaftigkeit, meine Selbstbezogenheit gebremst. Es schadet nichts, wenn man mit dem Nachdenken über die Wechselfälle des Lebens schon in jugendlichem Alter beginnt."
"Erlaube mir, wenn ich Dir widerspreche, Secundus: Zu viele der grüblerischen Gedanken hemmen den Flug der Seele zu fernen Gestaden. Du tatest recht daran, erst Deine Flügel zu spreizen, und dann über das Erlebte nachzudenken." Ich sprach aus Überzeugung, und genau das wollte Plinius auch hören.
"Nun, vielleicht hast Du recht, Rufus."
"Du wolltest mir von der Clitumnus-Quelle erzählen."
"Stelle Dir vor, ein sanfter Hügel erhebt sich vor Deinen Augen, dicht bewachsen und beschattet von alten Zypressen. An seinem Fuß entspringt eine Quelle und sprudelt in mehreren, aber ungleichen Adern hervor; und wenn sie sich aus dem Strudel, den sie bildet, herausgearbeitet hat, öffnet sie sich zu einem breiten Becken, glasklar und durchsichtig, so daß man die versunkenen Münzen der Frommen und die Licht reflektierenden Steinchen zählen kann. Eben noch eine Quelle, ist sie nun schon ein sehr breiter, sogar schiffbarer Fluß. Seine Strömung ist so stark, daß man stromabwärts, obgleich das Gelände eben ist, keine Ruder braucht; aber gegen den Strom kann man kaum mit Rudern und Ruderstangen angehen. Die Ufer sind reichlich mit Eschen und mit Pappeln bewachsen, die der

klare Fluß, gleichsam als wären sie versenkt, als grünes Abbild widerspiegelt. Das Wasser dürfte so kalt sein wie Schnee und hat auch die gleiche Farbe. In der Nähe liegt ein uralter Tempel, mit Flechten und Moos bewachsen. Darin steht die Statue des Flußgotts Clitumnus, bekleidet und geschmückt mit der *toga praetexta*. Orakeltäfelchen weisen darauf hin, daß eine Gottheit anwesend ist und auch weissagt. Ringsum liegen mehrere kleine Kapellen verstreut, jede für einen Gott. Ein jeder hat seinen eigenen Namen, seine eigene Riten, mancher auch eine eigene Quelle. Denn außer jener Quelle, gleichsam der Mutter der übrigen, gibt es noch kleinere, die vom Hauptstrom getrennt sind. Später ergießen sie sich in den Fluß, den man auf einer Brücke überquert. Sie bildet die Grenze zwischen heiligem und weltlichem Bezirk. Im oberen Bereich darf man nur mit dem Boot fahren, in dem unteren auch schwimmen. Die Einwohner von Hispellum, denen der göttliche Augustus diesen Ort zum Geschenk gemacht hat, bieten Bad und Unterkunft auf Kosten der Gemeinde an. Auch fehlt es nicht an Landhäusern, die wegen der anmutigen Lage des Flusses an seinem Ufer stehen. Kurz und gut, es wird nichts geben, woran Du nicht Vergnügen findest. Denn Du wirst auch Studien betreiben können. An allen Säulen, an allen Wänden wirst Du zahlreiche Inschriften vieler religiöser Menschen lesen, durch die jene Quelle und ihr Gott gepriesen werden. Mehrere wirst Du loben, über einige wirst Du lachen, aber freilich, in Anbetracht Deiner Menschenfreundlichkeit, lieber Rufus, wirst Du Dich über keine Inschrift lustig machen."

Während Plinius und Sueton auf das Essen warteten, ging Felix, mein Verwalter, mit mir die Liste der Delikatessen durch, die ich Mariccus, dem Koch der *EPONA*-Kneipe, mitbringen sollte: Luftgetrocknetes Rindfleisch in dünnen Scheiben; Räucherschinken und Räucherspeck vom Schwein; Zwie-

beln und Gewürzkräuter in Honig nach Ludgdunumer Art; Kastanien; Ziegen- und Schafskäse in Olivenöl. Felix deutete mir an, es gäbe noch über anders als Lebensmittel zu reden.
"Können wir in Gegenwart Deiner Gäste offen reden?"
"Darauf gebe ich Dir mein Wort, Felix. Was hast Du zu sagen?"
"Uns ist vorgestern ein Sklave zugelaufen. Ich habe ihn eingesperrt. Was soll ich mit ihm tun?"
"Gib ihm zu essen, dann beschäftigen wir uns mit ihm."
Unser Mahl war ländlich: Bohneneintopf mit Ei und Zwiebel, gewürzt mit Liebstöckel, Dill, Pfeffer, abgeschmeckt mit Garum und rotem Landwein, dazu Brötchen und Oliven, zum Schluß Kastanienpüree. Ich neckte Plinius:
"Secundus, ist das Essen einfach genug für Deine bescheidenen Ansprüche?" Tranquillus Suetonius war offenbar angetan von meinem Pampinium.
"Ein solches Landgut wünsche ich mir auch."
"Du wirst noch ein paar Jahre warten müssen, Tranquillus", meinte Plinius. "Werde ein tüchtiger Anwalt. Dann kümmere ich mich darum, daß Du Dein Landgut bekommst. Du hast mein Wort."
"Du bist noch nicht einmal zwanzig", fragte ich Sueton, "trotzdem interessiert es mich, was für eine Tätigkeit Dir für Deine fernere Zukunft vorschwebt. Willst Du in die Politik gehen?"
"Nein. Ich werde vermutlich nicht einmal ein guter Anwalt werden – nicht ein solches Genie wie Plinius oder Tacitus. Ich brauche eine gediegene Ausbildung in der lateinischen und griechischen Sprache, dafür war das Nest Hippo Regius zu klein."
"Dann empfehle ich Dir, Stunden bei Quintilian zu nehmen", riet Plinius. "Ich halte ihn für den besten Rhetoriklehrer in Rom. Nicht was die rhetorischen Künste anbelangt, sondern die solide Verwurzelung in der Klassik. Für Quintilian ist noch immer Cicero das Maß."

"Lacht jetzt nicht", sagte ich, "aber selbst ich nehme Stunden bei Quintilian." Ich war Quintilian einige Male begegnet, wenn er sich mit Plinius zu den Rhetorikstunden traf. Auch Tacitus war kurze Zeit sein Schüler. Dann kam mir der Gedanke, Sprachunterricht könnte auch mir nützlich sein. Zu sehr hatte mich die Technik auf ihre Seite gezogen, die Literatur mußte ich vernachlässigen zum Nachteil eines eleganten sprachlichen Ausdrucks. Mir schwebte vor, im Alter auf Pampinium meine Erinnerungen nieder zu schreiben.

"Oho – wird uns in Constantius Rufus noch ein beredsamer Anwalt erwachsen?" frotzelte Plinius.

"Nein, ich will nur beurteilen können, ob sich Deine Gerichtsreden an die rhetorischen Regeln des Quintilian halten."

"Du scherzt wohl? Wie sollte ich da je einen Prozeß gewinnen!" Sueton guckte erschrocken:

"Hier wird über jemanden gelästert, der sich nicht verteidigen kann."

"Da hat er Pech gehabt. Aber Quintilian hört uns ja nicht. Und wir lassen es ihm gegenüber nie an Ehrerbietung mangeln."

Plinius legte begütigend seinen Arm um den jungen Freund: "Höre, Tranquillus: Das erste, an das Du Dich in Rom gewöhnen mußt, das ist unser Witz. Mit Deiner Einfalt wirst Du noch manches Mal rot werden. In Hippo Regius waren die Menschen wohl nicht so lustig?" Sueton sah uns erstaunt an:

"Ich hatte wenig Grund zu lachen."

"Nun Hippo ist eine kleines Nest, da gab es vielleicht keine Witzbolde."

"Meine Lehrer waren ernst und streng. Sie behandelten mich wie einen Sklaven."

"Was meinst Du, Rufus, sollen wir Tranquillus nicht erst zu Martial oder Juvenal in die Lehre schicken? Das wäre eine Roßkur in römischem Humor."

"Bei Martial könnte ich vermitteln, solange Tranquillus ihm die Mahlzeiten bezahlt. Juvenal hingegen würde eine Giftbrühe über mich ausgießen. Ihm jemanden als Schüler anzudienen, hielte er mit gutem Recht für einen römischen Witz."
"Ich habe kapiert", sagte Sueton und lächelte: "Römischer Witz. Darf ich trotzdem wissen, Rufus, warum Du bei Quintilian Stunden nimmst?"
"Es geht mir um den sprachlichen Ausdruck, nicht Eloquenz. Es könnte sein, ich möchte einmal meine Memoiren schreiben."
"Ich werde mich auf die Geschichte verlegen", sagte Sueton: "Ein Leben als Historiker, das würde mir wohl gefallen. Die Wende von der Republik zum Prinzipat – das ist eine faszinierende Epoche."
Ganz so harmlos war Plinius' Scherz über den Rhetoriklehrer Marcus Fabius Quintilianus nicht. Ich fand ihn ziemlich hämisch, was dem treuherzigen Sueton entging. Plinius hatte gewiß an das höchst peinliche Loblied gedacht, das Quintilian in seiner *Institutio Oratoria* dem Kaiser gesungen hatte: Aus Domitian sei kein bekannter Literat geworden, was daran läge,

…daß ihn die Sorge um seine Länder von der begonnenen literarischen Tätigkeit abgelenkt hat und es den Göttern schien, es sei für ihn zu wenig, der größte Dichter zu sein. Und doch, was könnte es Erhabeneres, Gelehrteres und in jeder Hinsicht Vorzüglicheres geben als gerade jene Werke, die er in Zurückgezogenheit als junger Mann nach Abtretung der Regierungsgeschäfte[16] verfaßt hat? Denn wer könnte wohl besser Kriege besingen als einer, der sie so erfolgreich führt? Wem sollten die göttlichen Beschützerinnen der Dichtkunst wohlwollenderes Gehör schenken? Wem mag wohl Minerva, eine ihm nahestehende Gottheit, eher ihre Künste offenbart haben? Volltönender werden dies zukünftige Generationen verkünden; jetzt freilich wird sein dichterischer Ruhm durch den Glanz anderer Leistungen in den Schatten gestellt. Uns aber, die wir die heiligen Schätze

des Schrifttums hochhalten, wirst du, mein Herr und Gott, nachsehen, wenn wir dies nicht stillschweigend übergehen und wenigstens mit einem Vergil bezeugen: 'Efeu ranke sich dir im Siegeszeichen des Lorbeers'.
Mit der *begonnenen literarischen Tätigkeit* war eine Sammlung Gedichte des jungen Kaisersohns gemeint, die einige Beachtung fand, indessen nicht aus dem Rahmen fiel. Die gewundene, gezwungene Rhetorik Quintilians in dieser Lobpreisung verhöhnt seine eigenen Lehren über anspruchsvollen, nüchternen Sprachstil. Domitian selbst hat sich später über seine dilettantischen Versuche an der Poesie lustig gemacht.

Ich ließ Felix in das Triklinium rufen, er sollte uns berichten, was mit dem Sklaven vorgefallen war. Es traf sich gut, daß mit Plinius ein Experte für Rechtsfragen zugegen war. Es mußte eine Entscheidung gefällt werden mit kleinstmöglichem Schaden – für Papinium, aber auch für den Sklaven.
"Wie heißt er denn, und wo kommt er her?"
"Er nennt sich *Nachor*, das ist ein syrischer Name. Er wurde frei geboren, dann in die Sklaverei verkauft durch seinen Stiefvater."
"Bis jetzt eine rührende Geschichte. Was geschah weiter?"
"Er entfloh seinem Herrn, schloß sich einer Bande an, wurde bei einer Aktion verwundet und hat es gerade noch bis Pampinium geschafft. Diese Geschichte hat er mir erzählt – mag sie nun wahr sein oder nicht."
"Was für eine Verletzung hat er?"
"Er geriet mit dem Fuß in ein Fangeisen."
"Er hat also gewildert? Das war die Aktion!"
"Ich weiß es nicht. Er litt starke Schmerzen, so rief ich nach Lentulus Corvus, der hat ihn versorgt und ihm auch Schlafmohn gereicht." Und Lentulus würde schweigen! Ich wandte mich an Plinius:

"Du bist an der Reihe, Secundus. Was sollen wir mit dem Mann machen: ihn in die Arena schicken?"
"Beim Jupiter, nein! Wir sind doch keine Mörder!"
"Dann bleibt nur: ihn behalten oder ihn einem dubiosen Sklavenhändler zu übergeben, der ihn weiter verkauft. Trägt er ein Brandzeichen?"
"Ich habe keines bemerkt. Er macht übrigens einen ordentlichen Eindruck."
"In welcher Gegend hatte er sich zuletzt aufgehalten?"
"Das wollte er dem Gutsherrn persönlich sagen."
"Rufus, Du mußt Dir ein persönliches Urteil über den Mann bilden und dann entscheiden", meinte Plinius. "Vielleicht kannst Du ihn sogar brauchen?"

Wie ich zugeben mußte, hatte ich die Furcht vor einem Überfall durch eine Räuberbande stets von mir geschoben. Pampinium war mein Elysium, mein sicheres Gehäuse. In dem so wohl geordneten Imperium Romanum schlossen jedoch nachts die Städte ihre Tore, die Gutshöfe verrammelten sich hinter Mauern, dann herrschte auf dem Land die Anarchie der Banden. Wer wurde Bandit? Es gab entflohene oder herrenlose Sklaven und nicht zuletzt auch Hirten, die nebenbei einem unedleren Gewerbe als dem Schafhüten nachgingen. Sie waren die idealen Spione und Informanten, da sie in der Landschaft nicht auffielen. Auch Veteranen wurden zu Banditen. Der Soldat hatte berufsbedingt mit Gewalt zu tun, seine Legitimität hatte seinem Centurio und den Kameraden gegolten, nicht der abstrakten Staatsgewalt, und Gefahr und Tod waren stets um ihn. Er hatte nach seiner Entlassung Anspruch auf ein Landgut. Und wenn er nicht damit zurechtkam? Vielleicht fehlte es an Geld, an Kenntnissen, oder einfach an der Lust. Seine militärischen Erfahrungen ließen sich viel einträglicher als Räuber verwerten. War nicht der Vorbesitzer von Pampinium, der das Gut verkommen ließ, auch ein Legionär im Ruhestand? Aber meine runzelige Dienerschaft, Simon und Judith, hoben nur die Schultern: keine Ahnung, was der letzte Herr so trieb.

Die Gesetzlosen waren in Banden organisiert, die sich die Reviere teilten, notfalls auch mit schonungsloser Brutalität die Grenzen ihres Einflusses verteidigten. Der Aktionsraum einer Bande ernährte nur ein paar Dutzend Individuen. Sie hatten ihre Lager in Gegenden, in die sich zivilisierte Menschen nicht wagten: Berge, Wälder, Sümpfe. Aus ihren unwirtlichen Verstecken brachen sie auf, schlugen zu und verschwanden wieder. Sie suchten Landgüter heim oder waren auf Straßenüberfälle spezialisiert. Keine Rächer folgten ihnen. Ein gezielter, militärischer Zugriff drohte selten. Wenn doch, es sprach sich rasch herum, so daß Zeit für einen Rückzug der Banden in unwegsames Gelände blieb. Der Staat schien dem unheilvollen Treiben gleichgültig zuzusehen, was die Landleute erbitterte. Wie nämlich ein ernsthaftes Ringen zwischen dem römischen Staat und einem gut organisierten Bandenheer ausgehen würde, das war klar: Letztlich obsiegte der Staat. Freilich, um welchen Preis! Der Aufstand des *Spartacus* war noch in düsterer Erinnerung. Eine überregionale Selbsthilfe von Vigilanten existierte nicht, die Höfe lagen zu weit auseinander. Die riesigen, befestigten Latifundien hatten wenig zu fürchten. Die kleinen Landeigner hingegen zahlten ein sogenanntes Schutzgeld an die jeweiligen Banden, nicht anders wie die Steuer an den Fiskus. So entwickelte sich ein auskömmliches, jedoch prekäres Verhältnis zwischen den Landgütern und den Banden. Man schlachtet keine Kuh, die Milch gibt. Das wußten auch Banditen. Das Gleichgewicht des Mißtrauens wurde freilich empfindlich gestört, wenn es zu einem Krieg zwischen Banden kam. Dann wurde ein Gut auch mal überfallen oder gar abgefackelt. Lentulus Corvus' Meinung zur Treue von Haussklaven war eindeutig: Traue keinem und zu keiner Zeit. Sie hatten gar keine Chance, Loyalität zu beweisen, wenn sie von Banditen zur Kooperation gepreßt wurden. Konspirative Nachrichten ließen sich leicht austauschen, wenn sich am Abend die Wagen mit Agrarprodukten der Campania vor der Porta Capena sammelten.

Mein Verwalter Felix, der die Mittelsmänner unserer Revierbande aus seiner Zeit bei Lentulus Corvus kannte, erledigte diskret die Zahlung des Schutzgeldes für Pampinium. Ob da noch ein Obolus für ihn abfiel – wer würde eine solch törichte Frage stellen? Felix wußte um seinen Wert. Seine Kenntnisse der Szene waren unschätzbar. Ich würde mich blind auf ihn verlassen müssen. Bevor ich Pampinium übernahm, warf das Gut praktisch keine Ernten ab. Simon und Judith, die beiden vergessenen Sklaven, verfügten nicht über Bares, waren daher für die Eintreiber von Schutzgeld uninteressant. Nach und nach erfuhr ich, daß sich das Landgut indessen als Schlupfwinkel für streunende Sklaven anbot. Die beiden alten Juden taten so, als verstünden sie nicht, was ich von ihnen wissen wollte.

Ich ging zu dem heute zugelaufenen Sklaven Nachor, um ihn zunächst unter vier Augen zu verhören. Er hatte wohl eine harte Zeit hinter sich, war blaß, mager und müde vom Schlafmohn. Ich schätzte ihn auf Anfang bis Mitte zwanzig. Er hatte schwarzes, gewelltes Haar und dunkle, lebhafte Augen mit einem sanften Schimmer. Er erinnerte mich ein wenig an Milo, den Thermenmeister, Priscillas Bruder. Solche Assoziationen können in Schicksale eingreifen.
"Hast Du Schmerzen, Nachor?" fragte ich.
"Es ist zum Aushalten. Der Arzt hat mich gut versorgt."

Das verletzte Bein ruhte auf einem Schemel. Eine Schwellung, wo das Fangeisen zugeschnappt hatte, konnte ich nicht erkennen. Der Fuß war bandagiert und mit einem Kräuterabsud getränkt. Ausgeschlossen, daß Nachor auch nur ein paar Schritte machen konnte. Wir mußten ihn wenigstens für einige Zeit hierbehalten.
"Lentulus Corvus, der Arzt, kommt morgen vorbei, um nachzusehen, wie es Dir geht. Bis dahin mußt Du die Zähne zusammenbeißen. Ich laß Dir nachher wieder Schlafmohn bringen."
"Danke, Herr."
"Jetzt erzähle, wie Du hierher gekommen bist. Ist das die Wahrheit, was Du meinem Verwalter Felix gesagt hast: Du seiest als Freigeborener von Deinem Stiefvater in die Sklaverei verkauft worden?"
"Es war so: Ich bin ohne Eltern aufgewachsen. Meine Herkunft liegt im Dunkel. Ein älteres Ehepaar hatte sich meiner angenommen, mich sogar zur Schule geschickt. Beide starben kurz hintereinander. Ich stand mit zwölf Jahren auf der Straße."
"Wo war das?"
"In Antiochia."
"Du hast von der Straße gelebt, warst Mitglied einer Kinderbande – habe ich recht?"
"So kann man es sehen."
"Und dann bist Du von jemandem aufgegriffen worden, der Dich als Sklave verkauft hat?"
"Nein. Ich war zwölf oder dreizehn, hatte genug von der Straße, ging zum Sklavenmarkt und bot mich an. Ein Ritter, der Knaben liebte, nahm mich zu sich. Er legte Geld für mich an und versprach mir die Freilassung – irgendwann. Er behandelte mich gut, mir wurde aber klar, was es heißt, ein Sklave zu sein. Eines Tages, ich war etwa sechzehn, riß ich aus, lief zum Hafen und heuerte auf einem Küstensegler an. Mein Herr ließ

mich überall suchen, schickte Häscher aus, die auch das Hafengelände durchkämmten. Der Kapitän, selbst Sklave, bereute schon, mich genommen zu haben, und kündigte an, mich ins Wasser zu werfen. Statt zu arbeiten, mußte ich mich ja ständig verstecken. Daraufhin drohte ich dem Kapitän mit einer Anzeige wegen ungesetzlichen Aufgreifens eines Sklaven. Immerhin war ich Eigentum eines bekannten Ritters in Antiochia. Endlich legte das Schiff in Richtung Tarsos ab. Willst Du noch mehr hören?"
"Die ganze Geschichte."
"Sie würde Dich langweilen. Laß es mich kurz machen: Die nächsten fünf Jahre verbrachte ich auf See, erst als Matrose, dann als Steuermann, schließlich als Kapitän und einmal auch als Eigner eines Schiffs. Den Hafen von Antiochia vermied ich, aber ich kam nach Alexandria und die Häfen der afrikanischen Küste, schließlich befuhr ich die Route zwischen Dyrrachium und Brundisium. Eines Tages entdeckte ich unter den Passagieren der oberen Klasse – sie hatten eine eigene Koje – meinen Herrn, den Ritter aus Antiochia. Ich erkannte ihn schon von fern, bevor er mich wahrnehmen konnte. Die Qualen seiner unerwünschten Liebe hatten mir sein Bild tief eingebrannt. Mich erfaßte Panik, aber auch Mitleid mit ihm. Ich übergab meinem Steuermann das Schiff und floh von Brundisium in die Berge."
"Was hattest Du für ein Ziel?"
"Kein Sklave zu sein. Das Meer bedeutete mir Freiheit, auch Ansehen als Kapitän eines Schiffs."
"Um zu überleben, mußtest Du Dich auf italischem Boden einer Bande anschließen."
"Mein Ziel war Rom. Ich trat in die Dienste von Banden. Allmählich kam ich Rom näher. Das ging so über einige Jahre."
"Sie akzeptierten Dich. Brauchten sie Dich, weil Du ein gebildeter Mann warst?"

"Ja, vielleicht. Oder, um es so zu sagen: In einer kritischen Situation fand ich das entscheidende Wort."
"Du warst aber nie Anführer einer Bande." Nachor lächelte: "Das wäre gegen das Gebot der Klugheit gewesen."
"Du hattest das Meer gegen die Berge eingetauscht. Hast Du auch dort Deine Freiheit gefunden?"
"Das Meer gehört jedermann. Die Freiheit ist selbstverständlich. Dein einziger Herr ist Poseidon. Auf Land ist Freiheit das Fleckchen Erde, das eine Bande bei Nacht beherrscht."

Der Bürger hatte wenig Ahnung, wie eine Bande funktionierte. Für Cicero war es *die Zusammenrottung Entflohener an einem bestimmten Ort.* Das allein konnte es nicht sein. Für die Mitglieder von Banden war seit Urzeiten her charakteristisch die bewußt gepflegte Gesetzlosigkeit, oft als Familientradition, dann persönliche Unabhängigkeit und barbarische Andersartigkeit. Man könnte Banden für einen Staat im Staate halten, der einen bandentypischen Ehrenkodex entwickelt, persönliche Macht und Führungsqualitäten fordert, gleichzeitig auch auf prinzipielle Gleichheit der Mitglieder achtet. Es war eine Gegenwelt des Bürgertums, eine Nachtseite mit Gespenstern. Die Trotzhaltung, die Bereitschaft zur Rache, das Bewußtsein des krassen Gegensatzes zur Normalität schuf eigene Statuten. Der Landeigentümer mußte mit den Banden irgendwie klar kommen. Außer der Zahlung von Schutzgeldern gab es die Deckung geflohener Sklaven oder anderer Bandenmitglieder, das Verhökern von Raubgut sowie eine breite Grauzone der stillen Kooperation. Manche Vorkommnisse waren ohne Hintermänner mit Ansehen gar nicht erklärbar.

Es klang plausibel, aber ein wenig zu glatt, was mir Nachor über sich erzählt hatte. Andererseits: Wen interessierte an einer solchen Geschichte die Wahrheit? Es ging in meinem

Verhältnis zu dem zugelaufenen Banditen nicht um gegenseitiges Vertrauen, sondern auf welcher Basis man zu einem Geschäft kam. Schutz des Lebens eines flüchtigen Sklaven gegen erhöhte Sicherheit von Pampinium gegen Bandenübergriffe. Was wären da die Kontakte Nachors für uns wert?
"Nachor, was geschah in der Nacht, als Du Dich in dem Fangeisen verletzt hattest?"
"Unsere Bande wollte Pampinium überfallen", war seine trockene Antwort. Ich mußte erst einmal schlucken.
"Willst Du mich auf den Arm nehmen?" Nachor hob seinen Fuß von dem Schemel, stand auf und kam mit sicheren Schritten auf mich zu. Ich war verblüfft.
"Das Fangeisen ist eine Erfindung. Ich habe mir mit der Axt die Wunden selbst beigebracht. Sie sind harmlos, aber ich ließ viel Blut fließen. Die anderen glaubten mir. Ich sagte zu ihnen: Wir müssen die Aktion abbrechen. Laßt uns das Beste daraus machen: Ihr verschwindet, und ich schleppe mich zu dem Haus und bitte um Asyl. Ich werde alles ausspionieren. Wie ich schon sagte: In einer Krisensituation hörten sie auf mich. Der Bandenchef war im Grunde ein Ochse mit Hörnern. Aber sie hatten ja auch keine andere Wahl." Ich stand auf:
"Wie soll ich Dir glauben, daß Du mir kein Märchen erzählst?"
"Entsinne Dich: Ich wollte Rom immer näher kommen. Jetzt bin ich fast da."
"Woher wußtest Du, in Pampinium würde Dir wahrscheinlich nichts passieren?"
"Das Landgut hatte einen guten Ruf bei den Banditen."
"Hat sich Lentulus Corvus von Dir täuschen lassen?"
"Er ist ja Wundarzt. Er sagte: Das war kein Fangeisen. Daraufhin habe ich ihm die Wahrheit gestanden. Du kannst ihn ja morgen fragen."
"Nachor, Du hast mich in eine komplizierte Lage gebracht. Wie soll es weitergehen?"

"Ich habe meine Vorstellungen. Ich habe auch an Pampinium gedacht, nicht nur an mich."
"Nett von Dir. Deiner Rede nach hast Du sogar einen räuberischen Angriff verhütet. Ich rufe jetzt meine Freunde Plinius und Sueton, um sich mit Dir zu unterhalten." Ich ließ Nachor allein.

Am nächsten Tag kam Lentulus Corvus nach Pampinium geritten, man sah ihm an, daß er mit seinen Beinen Probleme hatte. Er humpelte herum und sagte: Laß uns zum Jupiter-Heiligtum gehen und dort uns niederlassen. Plinius war in Gedanken versunken, er schien sich zu konzentrieren wie vor einer Gerichtsrede. Sueton hatte die Befragung von Nachor auf seiner Wachstafelklappe festgehalten. Wir vermeinten zu entscheiden über Nachor's Schicksal, waren aber nicht sicher, wer hier die Fäden zog. Wahrscheinlich doch Nachor selbst.
"Machen wir uns nichts vor", sagte ich frostig: "Wir haben keine andere Wahl, als ihn hierzubehalten. Solange es ihm paßt. Laßt uns das Beste daraus machen. Was habt Ihr noch von ihm erfahren, Secundus und Tranquillus?"
"Er ist ein Genie", meinte Sueton und sah mich herausfordernd an. "Diese Schattenwelt der Banditen bringt Menschen hervor von echt römischem Geist." Plinius, zehn Jahre älter als Sueton, sah die Sache nüchterner:
"Tranquillus, Du magst über diesen Nachor noch später Lobgedichte schreiben, aber im Augenblick haben wir ein Problem zu lösen: Wohin mit dem Sklaven? Er wollte ursprünglich nach Rom – das ließe sich unauffällig arrangieren. Wir könnten ihm, da er intelligent ist und kein Brandzeichen trägt, sogar zu einer bürgerlichen Existenz verhelfen. Wie schwer sind seine Wunden, Lentulus Corvus?"
"In ein paar Tagen ist er gesund wie ein Fisch im Wasser."

"Warum fragen wir ihn nicht selber, was er wünscht"? fragte Sueton.
"Weil wir nicht blöd sind. Wie jedes Landgut, hat auch Pampinium ein Problem mit der Sicherheit vor Bandenüberfällen. Die Frage ist: Was könnte der Sklave für Constantius Rufus tun, der ihm immerhin ohne Vorbehalte das Gastrecht gewährte." Ich war erstaunt:
"Secundus, das genau solltet Ihr doch bei der Befragung von Nachor herausfinden. Hat das nicht geklappt?"
"Nun, wir haben ja keine Folterwerkzeuge, er war weniger gesprächig als wir hofften."
"Könnte ich über das Wenige etwas mehr erfahren?" bohrte ich ungnädig.
"Er bliebe gerne auf Pampinium, bis sich in Rom eine Zuflucht für ihn gefunden hat", sagte Sueton.
"Rufus – solltest Du nicht selbst mit Nachor reden, statt über Mittelsleute? Er wird sofort begreifen, daß auch Du Deinen Preis hast", sagte Plinius. "Unterschätze ihn nicht. Er war es, der die Einsätze plante."
"Gut, laßt uns zum Haus zurückgehen. Ich werde mich an Euren Rat halten." Was hatte ich erwartet? Wir legten den Weg schweigend zurück, bis das Haus in Sicht war. Währenddessen dachte ich nach. Am Ende legte ich meinen Arm um Plinius' Schulter:
"Secundus, ich habe begriffen, Du leihst Deinen Beistand jemandem, der ihn nötiger hat als ich. Ich respektiere das – ja mehr: Ich liebe Dich dafür."

Inzwischen waren der Proconsul und seine Tochter Myra eingetroffen. In ihren Gesichtern spiegelte sich eine erwartungsvolle Freude. Sie hatten keine Ahnung, über welche Probleme wir uns im Augenblick die Köpfe zerbrachen. Und in der Tat: Das Erscheinen der beiden wirkte wie ein *deus ex machina*, der

Tag war gerettet. Wir umarmten uns und schnatterten wie eine Schar Enten. Sueton zupfte mich an der Tunika:
"Könnten nicht Felix und Nachor mit uns im Triklinium speisen?" Ich war erstaunt, sah aber, daß Sueton Tränen in den Augen hatte. "Glaubst Du, mir fällt es leicht, Dich um so etwas zu bitten, Rufus? Es ist schließlich nicht mein Haus."
"Das geht in Ordnung, Tranquillus. Ich sage den beiden Bescheid."
"Die Würde des Menschen ist unantastbar", sagte er leise und wandte sich um. Sprach hier ein heimlicher Christ?

Meine Gäste reisten ab, nur Nachor und Myra blieben. Nachor würde für unbestimmte Zeit unsere Gastfreundschaft genießen, darüber hatte ich mich mit Felix verständigt. Myra durfte sich eine Woche auf meinem Landgut vergnügen, dann holte sie der Vater ab. Der Proconsul hatte sich intensiv mit Nachor unterhalten, der auch den Hafen von Utica gut kannte. Am liebsten hätte er ihn vom Fleck weg als Sekretär engagiert. Da gibt es noch einige Hürden, wandte ich ein, und der Proconsul gab sich damit zufrieden. Nun hatte ich Myra für mich, und sie, zwanzig Jahre jünger, einen alternden Mann als Gespielen für ein Woche. Würde es wieder ein Traum werden? Der Mond stand günstig. Ich ahnte freilich, daß nicht nur Priscilla, sondern auch Lucilla noch immer über mich wachte: In Deinen Träumen bist Du mir ausgeliefert, Rufus. Du weißt es, und Du willst es so. Ich nehme es mit jeder Geliebten auf.
"Nachor, wie kommen wir ins Geschäft miteinander?" fragte ich meinen ungebetenen Gast.
"Eine Hand wäscht die andere", antwortete er lakonisch. "Was gibst Du?"
"Du kannst hier bleiben und arbeiten, vorausgesetzt Du verstehst Dich mit Felix, und ich wünsche keine Verwicklungen irgendwelcher Art."

"Wie meinst Du?"
"Ich möchte nicht, daß noch mehr Banditen hier aufkreuzen – sei es um Dich zu fassen, sei es um etwas mit Dir auszuhecken. Hast Du mich verstanden?"
"Das mit Felix geht in Ordnung."
"Ihr seid Euch früher schon begegnet?" Nachor machte eine unbestimmte Geste. Also hatte ich recht. "Wie lange willst Du auf Pampinium bleiben?"
"Bis ich in Rom einen sicheren Unterschlupf gefunden habe."
"Wie willst du das herausfinden?"
"Wenn Felix zum Markt nach Rom fährt, soll er mich zur Porta Capena mitnehmen. Da finde ich Kontaktleute."
"Verfolgt Dich jemand – Deine eigenen Leute, oder eine andere Bande? Vor Deinem ehemaligen Herrn brauchst Du doch keine Angst mehr zu haben. Brundisium ist weit." Nachor druckste herum:
"Feinde gibt es überall."
"Das ist keine Antwort. Ich muß wissen, ob Pampinium mit oder ohne Dich sicherer ist vor den Banden. Jetzt weißt Du auch, was ich von Dir will: Ich zahle weiterhin mein Schutzgeld, das Deine Bande bisher kassiert hat. Aber nun bist Du ausgeschieden, ich weiß nicht, ob im Guten oder Bösen. Erzähle mir, was Du willst, ich habe keine Ahnung, mit wem ich es künftig zu tun habe, um hier sicher zu leben. Das finde Du mal heraus und dann laß Deine Beziehungen spielen!"
"Dazu muß ich an der Porta Capena Kontaktleute treffen. Ich möchte ebenso wenig wie Du, daß mit einer Bande auf Pampinium verhandelt wird. "
"Du wirst also Felix zur Porta Capena begleiten, und er wird ein Auge auf Dich haben. Was kannst Du sonst noch für mich tun?"
"Wir müssen Pampinium verteidigungsbereit machen."
"Berede die Angelegenheit mit Felix und dann berichte mir!"

Als ich mit Myra an meiner Seite dem Reisewagen des Proconsuls nachblickte, war ich mir plötzlich fremd, fühlte mich steinalt und verwittert, als hätten die Lebensgeister einen Grabstein zurück gelassen. Ich versuchte mühsam, meines Trübsinns Herr zu werden. An meiner Seite stand ein junges, munteres Mädchen aus Africa. Ganz Rom aber, so schien es mir, war in den letzten Jahren auffallend ernst und wie eine drückende Bürde geworden. Das Plätschern der Brunnen hörte sich anders an, nachdenklicher, melancholischer, als trauerten auch die Wässer einer vergangenen Zeit nach, als sich die Römer noch mit übermütigem Geschrei an den Becken naß spritzten. Die Raben, die in meinem Hain aus dem üppigem Laubschmuck der steinalten Eichen empor flatterten, krächzten einen Abschiedsgruß: Lebe wohl, Rufus, wir kommen nicht wieder. Im Westen rötete sich der Himmel. Myra wartete geduldig, ob mir wohl etwas einfiele, wie es nun weiter ginge mit uns beiden. Ich nahm ihre Hände und betrachtete sie. Sie waren zart, schmal, unschuldig. Ich habe bei Frauen immer auf die Hände geachtet. Sie sprechen zu mir wie mit tausend Worten. Dann fiel die Beklommenheit von mir ab, ich zog Myra an mich und küßte sie. Ich war überrascht, wie leidenschaftlich sie meine Zärtlichkeit erwiderte. Utica war trockenes Land, der menschliche Leib gierte nach Wasser und Umarmung. Ich gab mich keiner Illusion hin: Myra wollte sich in Rom verlieben, das gab ihrem Besuch einen Sinn. Ich war nur ein Mittelsmann – aber konnte sie sich einen besseren wünschen? War ich doch selbst mit Leib und Seele Rom.

Laß uns diesen uralten Weg der Mythen entlang wandern, Myra, durch meinen Eichenhain, in dem auch Kastanien wachsen, am Rande sogar einige Pinien und Zypressen. Eine Brücke führt über den Bach, ein kraftvoller Strom, der mein Wasserrad antreibt. Laß uns zum Jupiter-Heiligtum gehen,

dem ich meine Rettung vor Berytos danke. Ja – nicht nur ihm. Aber ohne den Schutz des Göttervaters hätte ich nicht überlebt. Ich führe Dich meinen kleinen Gottheiten vor, die den Hain mit ihrem Gewisper erfüllen. Sie mögen Dir wohlgesonnen sein. Wir setzten uns auf die Bank vor dem Heiligtum, hielten uns bei den Händen, schauten der Dämmerung nach, bis es Nacht wurde. Myra lehnte ihren Kopf an meine Schulter, während ich ihre Brüste streichelte.
"Rom ist schön", sagte sie leise. "Ich würde gerne eine Weile hier leben. Aber ich wäre verloren, für mich gibt es keinen Platz hier. Du hast sicher eine Frau oder eine Lebensgefährtin, Rufus?" Myra mußte mir die Kraft geben, mich von Priscilla zu lösen. Ich sagte:
"Ohne Dich wäre ich heute einsam. Heute bin ich nur für Dich da, Myra."
"Auch ich wäre einsam, Rufus. Einsam in dem riesigen Rom, in dem ich niemanden kenne. Mein Vater hat seine Termine, er läßt mich allein. Das ist Deine Freiheit, Myra, sagt er verheißungsvoll. Andere Kinder reiben sich an ihren Fesseln, sie stecken Hiebe ein für Ungehorsam. Er ist ein guter Vater, kein strenger, aber er ist sehr beschäftigt. Er ist auch unruhig, fast gehetzt, selbst wenn er scheinbar entspannt im Triklininium seine Mahlzeit zu sich nimmt. Er wird mit mir nach Utica zurückkehren, und dort werden wir wieder ein paar Jahre älter werden, irgendwann wieder einmal Rom besuchen."

Dem Proconsul steckte der Besuch beim Kaiser in den Knochen. Nach Domitians Amtsübernahme war er zweimal in Rom gewesen und freundlich empfangen worden, fast wie zu Zeiten Vespasians. Vermutlich hatte der glimpfliche Ausgang der *numidischen Affäre* den Kaiser in gute Laune versetzt. Im Jahre 85 erhob sich ein numidischer Stamm, empört über das Auspressen von Steuergeldern durch die römischen Zöllner, und tötete diese bis auf den letzten Mann. Damit nicht genug, brachten die Numider dem Proconsul eine vernichtende Niederlage bei, als er gegen sie anrückte. Er floh und ließ sein gesamtes Lager zurück. Die Römer hatten unverschämtes Glück, was beweist, daß die Geschichte für den Stärkeren Partei ergreift – mag er auch mal eine Torheit begehen. Hatten die einfältigen Numider tatsächlich gehofft, sie könnten sich mit Rom anlegen? Sie fielen über die Vorräte in dem verlassenen Lager her. Sie leerten die Amphoren mit dem Wein. Als sie total betrunken und kampfunfähig waren, kehrte der Proconsul zurück und schlug sie zusammen. Damit nicht genug: Er erledigte auch den gesamten Stamm mit Alten, Kindern und Frauen. Glaubte er, er sei sich diese Barbarei schuldig, nachdem ein Numiderfürst ihn schmählich aus seinem Lager verjagt hatte? Domitian spielte sich vor dem Senat auf: *Ich habe diesem numidischen Stamm verboten zu existieren.* Erwartete der Proconsul bei seinem jetzigen Besuch, in Erinnerung an die numidische Affäre, ein augenzwinkerndes Einverständnis mit dem Kaiser? Er hatte keine Ahnung von Domitian. Der ließ sich lange Zeit, den Proconsul aus Africa zu empfangen.

Myra bekam von Politik nicht viel mit. Ihr mangelte der Einblick in die Geschäfte eines römischen Statthalters. Vermutlich interessierte es sie nicht, ob ein numidischer Stamm vor fünf Jahren ausgerottet wurde. Das war nicht ihre Angelegenheit. Wohl spürte sie etwas von den Sorgen ihres Vaters.
"Wer in die Politik geht – auch Dein Vater – weiß, auf was für ein Spiel er sich einläßt. Also keine Sorge: Er wird die Regeln schon kennen."
"Ich bin nicht töricht. Mein Vater wird es nicht schaffen. Dieses Mal nicht."
"Zerbrich Dir nicht den Kopf darüber, Myra. Du kannst nichts für Deinen Vater tun."

"Ich könnte bei ihm bleiben."
"Auf Rom verzichten, die schönsten Jahre Deines Leben hingeben wie eine Tempeldienerin der Vesta? Ein solches Opfer würde Dein Vater nicht akzeptieren. Ja, es wäre eine Last für ihn. Er soll sich eine Gefährtin suchen. Das dürfte für einen Proconsul nicht schwierig sein." Es ist schon klar, Myra, der Constantius Rufus ist zu alt für dich. "Was zieht Dich wirklich nach Utica zurück?"
"Nicht Utica, eher schon Hippo Diarrhytus, eine Tagereise nordwestlich an einer Lagune gelegen. Es ist ein verträumtes, ruhiges Städtchen, in dem viele höherrangige Veteranen wohnen. Dort hat mein Vater eine Villa. In den langen Sommern habe ich viele Wochen dort verbracht. Mein Vater nahm die gesamte Dienerschaft und meinen Lehrer mit in den Urlaub."
"Was war so besonders an diesem Hippo?"
"Die Lagune, die durch eine schmale Öffnung mit dem Meer verbunden war. Sie erstreckte sich zehn Meilen landeinwärts und war am Hafen von Hippo etwa fünf Meilen breit. Rund um das Ufer floß das Wasser in flache Becken, aus denen nach dem Verdunsten Salz gewonnen wurde. Das Gelände neben dem Hafen war ein beliebter Strand, an dem sich das Volk vergnügte. Das Wasser war ziemlich flach, so daß man ohne Gefahr in Ufernähe schwimmen konnte. Eines Tages kamen fünf Delphine in die Lagune und blieben, um mit uns zu spielen. Einige Jungen waren so kühn und schwammen durch den Kanal in das Meer hinaus. Die Delphine begleiteten sie und brachten sie sicher zurück. Als ein besonders Waghalsiger durch einen widrigen Wind abgetrieben wurde, umklammerte er einen Delphin, der mit ihm in die Lagune zurückschwamm-schwamm. Ich werde traurig, wenn ich an jene Zeit zurückdenke. Nein, vielleicht würde ich mich auch nach Hippo nicht zurücksehnen."

"Was war passiert?"

"Einem der Delphine hatte wir Kunststückchen beigebracht. Wir nannten ihn schlicht *marinus*, weil er aus dem Meer zu uns kam. Marinus ließ kleine Knaben auf seinem Rücken reiten, während er im Kreise um uns herumschwamm. Was uns Kindern gefiel, brachte jedoch manch älteren Bürger in Zorn. Vor allem, als unsere Spiele mit den Delphinen auch andernorts bekannt wurden und Müßiggänger von auswärts nach Hippo strömten. Sie kamen mit Küstenseglern bis von Utica und Carthago, aus der Gegenrichtung auch aus Thabraca. Sie belagerten die Lagune, mischten sich in das Spiel mit unseren Delphinen ein, versetzten das Städtchen in Aufregung. Es wurde nicht bekannt, wer unseren Liebling Marinus an Land lockte und tötete. Vielleicht war es ein Fremder, vielleicht auch ein bestellter Mörder von einem erzürnten Veteran. Es war ein trauriger Anblick, als wir unseren Freund in seinem Blute auf dem Sand liegen sahen, die Augen geöffnet und gegen den Himmel gerichtet. Es war ein Trauerzug von meistens Kindern, die Marinus seinem Element, dem Meer, übergaben und Neptun ein Opfer brachten. Die anderen vier Delphine waren dem Zug schwimmend gefolgt bis zu jener Stelle, wo die Trauernden den Leichnam versenkten. Nach der Zeremonie schwammen sie ins Meer hinaus, kehrten nie mehr in die Lagune zurück. In Hippo wurde es wieder still wie zuvor."

Bevor wir uns ziemlich förmlich im Triklinium zum Abendessen lagerten, nahm Myra ein Bad, während ich einen Spaziergang außerhalb der Hecke um das Anwesen machte. Das war der Bereich meines Landguts, der wie eine offene Wunde in die Campania hineinreichte. Das Verderben lauerte in der Finsternis, die sich bei verlöschendem Licht bis an die Hecke schob, oder sogar bis an die Mauer, hinter der die Hunde wachten. Ich wußte nicht, wie alt die beiden Köter waren, und ob sie rechtzeitig auf ein verdächtiges Geräusch hin anschlugen. Vielleicht waren sie auch verdorben und würden sich töricht auf vergiftete Futter stürzen. Ich mußte eine halbe Stunde mit mir allein sein. Heute schien der Mond. Ich hatte ihm auf Pampinium selten Beachtung geschenkt. Nun war ich überrascht, wie das kalte Licht meinen Hain aus Eichen und Kastanien in eine gespenstische Szenerie aus wandernden Schatten verwandelte. Die Bilder gaukelte mir meine erregbare Phantasie vor, wie auch das Flüstern von Stimmen, das ich zu hören glaubte. Pampinium und Myra: Woran sollte ich zuerst denken? Ich versuchte, mich stets auf alles vorzubereiten, selbst auf meine nächsten Gedanken – war das nicht töricht? Das stete Bedürfnis zu räsonieren, dann zu philosophieren, das mußte eine Torheit des Alters sein, oder war ich schon immer so seltsam? Woher sollte ich das wissen! Ich mußte wieder festen Boden unter den Füßen gewinnen. Was Pampinium betraf: Nachor sollte mir darlegen, wie groß die Chancen waren, das Landgut gegen einen Überfall von Banden zu verteidigen. Eines wußte ich selbst: Das Haus durfte kein Feuer fangen. Was ich in Rom predigte, nämlich den effektiven Feuerschutz, hatte ich in Pampinium vernachlässigt. Wie verläßlich waren meine Sklaven: Wäre es geschickt, ihnen die Freiheit zu schenken und sie zu bewaffnen? Ginge ich so weit, eine ganze Bande zu kaufen, stellte ich mich außerhalb des Rechts. Das kam nicht in Frage. Warum grübelte ich jetzt über die Sicherheit von Pampinium nach, und verschob das Problem nicht auf morgen? Weil ich Myra auswich. Wie sollte diese noch immer so lieblich scheue Beziehung weitergehen: Ein alter Mann voller Sorgen und ein junges Mädchen aus einer fernen Provinz, das sich von Rom ein Abenteuer versprach, aber nicht wußte, wo es hingehörte. Nach Rom, an meine Seite? In dieser beklemmenden Zeit, da ich vor des Kaisers Tücke um mein Leben bangte!

Myra hatte sich schon entschieden: für meine Torheit. Ohne Umstände kroch sie nackt im hellen Mondschein zu mir auf das Lager. Sie hatte ihr Haar gelöst, es duftete nach orientalischen Essenzen, fiel über mein Gesicht, als sich unsere Lippen berührten. Sie zog mir die Tunika über den Kopf, fing an, mich am ganzen Körper zu küssen. Ihr Eifer verstörte mich ein wenig. Ich hatte Angst, das Feuer möchte allzu rasch verglühen. Ich kraulte sie am Nacken, saugte mich an ihren Brüsten fest. Ich kam in Fahrt. Die Banditen um Pampinium, der Kaiser mit seinen Schergen, Häusereinstürze und Feuersbrünste versanken hinter dem Horizont meiner Ängste. Aus einem heimlichen Winkel beobachtete mich Priscilla und lachte: Du bildest Dir doch nicht ein, das Flittchen aus der Provinz sei Deine große Liebe? Du Bock! Für dieses inszenierte Theater taugst Du noch. Mehr ist bei Dir nicht drin. Ich blickte auf: Es ist zu spät Priscilla, mir in den Arm zu fallen. Ich erinnere mich an den Sturzbach Deiner Tränen, nachdem wir uns erstmals geliebt hatten. Als hätten wir ein Unrecht begangen. Dein verklemmter Paulus lag neben uns im Bett und sah uns aufgegeilt und neidvoll zu, um uns dann zu hassen und zu verfluchen. Nun laß mich in Frieden. Oder nein: bleibe und schaue mir zu, wie ich es nackt mit dem Flittchen treibe. Ja, komm näher, noch näher, ganz nah... Als Myra aufschrie, hielt ich ihr spontan den Mund zu. Sklaven haben ihre Ohren überall. Und wer ist hier wohl der Herr im Haus? Nein Myra, schreie, schreie laut – so laut, daß es auch Priscilla hört. Priscilla, die Menschen als Fackeln brennen sah, und die keine Schuld trifft an ihrer quälenden Melancholie. Myra lächelt, küßt mich sanft und zärtlich, erschöpft und außer Atem. Ich liebe Rom, flüstert sie mir ins Ohr.

Als ich die Tür zur *EPONA*-Kneipe aufstieß, schlugen mir das diffuse Gewirr der Stimmen und der altvertraute Dunst entgegen. Eine heimelige Mischung aus Mensch, Wein, gebratenem Fleisch und Fisch, Knoblauch, Thymian, Herdfeuer. Das Gebälk hatte das Aroma angenommen und roch nach langen Zeiten, nach den Geschichten, die hier erzählt wurden. Es waren fast alle Tische besetzt. Ich blieb unter der Tür stehen, sah mich um. Ein wenig beklommen, als käme ich aus der Fremde. Es waren andere Gerüche, die die letzte Zeit um meine Nase strichen: in Pampinium das geschnittene Gras, das verrottende Laub in meinem Eichenhain, der Stallmist im Hof, die leicht muffelnden Leiber des Personals, das im Garten und unter den Olivenbäumen werkelte. Myras Haut. Dann Rom, als ich durch die Porta Capena schritt. Die ewige Orgie aus Gestank von Fischlake, Urin, Hundekot, Schweiß und aus Geschrei, Hämmern, Klopfen, glucksendem, plätscherndem Brunnenwasser. Die Wasserleitung über der Porta Capena näßte noch immer, und die Tropfen wurden stetig größer, aber Frontinus war nicht mehr mein Chef, um mich wegen Nachlässigkeit abzukanzeln. Außerdem hatte er anderes zu tun. Verantwortlich für Reparaturarbeiten an den Aquaedukten war der Wasserdirektor. Das hatte der Kaiser ausdrücklich verfügt. Acilius Aviola ließ die Sache jedoch schleifen. Frontinus hatte sich in einen Kleinkrieg gegen die Wassermafia verbissen und half mit der Durchsetzung der regulären Gebühren des Kaisers leere Kassen zu füllen. Ich wartete, ob sich die Schlinge um den Hals des Wasserdirektors nicht langsam zuzog. Er war einige Jahre älter als Frontinus, seine Gesundheit schien angegriffen, er ließ sich in seinem Büro nur noch gelegentlich sehen. Da gab es dann immer etwas zu mauscheln. Die Technik überließ Acilius Aviola seinem Oberröhrenmeister, einem durchtriebenen Intriganten, der im Geheimen gegen den Saubermann Frontinus arbeitete.

Sie umarmten mich – außer Pinpetos, der das mit niemandem tat. Mariccus dankte für die Produkte aus Pampinium, die ich ihm mitbringen ließ. Bibula sah mich forschend an, bevor sie mich auf beide Wangen küßte – hatte sie Myra in meinen Zügen entdeckt? Avarix zerquetschte mich fast, Iupicello weinte, und Potlun wollte mich schlicht nicht mehr loslassen. Ich war gerührt:
"Dachtet Ihr, ich komme nicht mehr? Es gab doch Zeiten, da war ich länger weg."
"Nun, es waren eben andere Zeiten", gab Pinpetos bedächtig zu bedenken. Er wandte mir sein hohles, zerknittertes Gesicht zu, an dem vor allem die Zahnlücken den Blick fesselten: "Wir haben Dich vermißt, deshalb erschien uns die verstrichene Zeit besonders lang. Die Zeit ist formlos wie fließender Honig. Sie paßt sich dem an, was tagein, tagaus unsere Gedanken und Empfindungen beschäftigt. Das Leben erscheint einerseits kurz, wenn man sich bei einem Gastmahl vergnügt. Aber während eines Sturms auf einer Seereise scheint sich die Zeit wie ein Hund zu strecken. Kann man sich vorstellen, wie sich der tapfere, von einem schmerzhaften Leiden gepeinigte Anwalt Corellius langweilt? Und er hat sich in den Kopf gesetzt, den Kaiser zu überleben!" Das könnte lange dauern – und sogleich schlug der Gedanken einen Haken, ahnungsvoll: oder auch nicht. Wer weiß! Ich liebte den Kaiser und zugleich fürchtete ich ihn.
"Keine Klepshydra zeigt also die wahre Zeit an, Pinpetos. Fallende Wassertropfen beherrschen die Zeit wie ein Tyrann. Und machen uns etwas vor", sagte ich.
"Freilich, bei Gerichtsprozessen scheint die Klepshydra unentbehrlich, um die Redezeiten gerecht zu überwachen. Aber wäre nicht das Gähnen der Zuhörer ein viel sichereres Signal, daß die Rede des Anklägers oder Anwalts sich erschöpft hat? Was hielte Dein Freund Plinius von dem Vorschlag?"

"Er würde behaupten, daß nach einer Woche ununterbrochener Redezeit seine Zuhörer noch immer frisch und hellwach wären und nach mehr verlangten." Bei Avarix konnte man noch herzlich lachen. Durfte man es riskieren, noch frei von der Leber weg zu reden? Ich warf Avarix einen fragenden Blick zu. Er verstand sofort und hob die Schultern.
"Hast Du noch im Blick, Avarix, wer sich in Deiner Kneipe herumtreibt?"
"Früher war ich ganz sicher, Rufus. Heute nicht mehr. Wer ist noch Freund und wer schon Denunziant?"
"Aber unsere gute Stimmung lassen wir uns nicht verderben."
"Keinesfalls. Es lebe Domitian, unser Herr und Gott!"
"Das darf man weitererzählen."
"Ich spendiere jetzt einen Falerner für uns. Bibula und Mariccus sollen dazukommen", sagte Avarix und machte sich auf zur Küche.
"Pinpetus, das stete Versteckspiel um das Überleben schadet vor allem der Wahrhaftigkeit. Die Lüge wird zu einer Art zweiter Natur des Menschen, der in ständiger Angst lebt. Sollten wir je wieder das Glück haben, von einem gütigen Kaiser regiert zu werden, was für ein verderbtes Volk wird er vorfinden! Die Wahrheit wird wie eine Kupfermünze gehandelt, die Lüge wie ein Aureus." Bibula und Mariccus hatten sich an unseren Tisch gesetzt, ohne uns zu unterbrechen. Avarix goß Wein in die Krüge.
"Darauf kann ich Dir nichts erwidern. Ich bin kein Hellseher, den Göttern sei Dank. Aber ich will Dir eine Geschichte erzählen. Daraus magst Du Deine Schlüsse ziehen."
"Heil dem Kaiser!" sagte Avarix und log. Er hatte eigentlich nichts gegen den Kaiser, aber die Beschränkung des Weinbaus in Gallien, die vom Princeps verfügt wurde, ärgerte ihn.

Pinpetos begann also zu reden: Einst regierte ein König über ein kleines Land, und dieser König war milde und gütig, lebte bescheiden und führte keine Kriege. Einmal im Jahr, wenn sich das Laub färbte, rief er seine Untertanen zu sich, damit sie ihm den Zehnten der Ernte oder der Einkünfte aus den Handwerken ablieferten. Der König unterhielt ein kleines Heer, beschäftigte eine geringe Anzahl von Beamten, und auch sein Hofstaat zählte nur ein Dutzend Köpfe. Was ihm vom Zehnten seiner Untertanen übrig blieb, das spendete er den Armen oder legte es als Vorrat für Hungerjahre an. Da das Volk unter dem milden König sonst nichts zu beklagen hatte, fingen sie an über die Abgabe des Zehnten unter sich zu murren. Niemand konnte sich an Mißernten erinnern, nur die Mythen erzählten davon. Die bedürftigen Armen waren ein winziges Häufchen. Viele religiöse Feste wurden in dem Königreich gefeiert, und den Göttern stets mit üppigen Opfergaben gedankt. War das nötig?

Es taten sich etliche aus dem Volk zusammen und wurden aufmüpfig. Den Überfluß unserer Ernten, unseres Viehs, unseres Weins könnten wir auf eigene Rechnung verkaufen. Sie täuschten also dem König vor, ihre Ernten oder Einkünfte seien nicht reichhaltig ausgefallen wie üblich. Ein Bauer klagte: "Mein König, Heuschrecken haben meine Felder überfallen und ein Drittel meiner Ernte gefressen." Ein anderer jammerte: "Mein König, der Blitz hat meine Herde getroffen und ein Drittel der Tiere vernichtet." Ein dritter warf sich auf die Knie: "Mein König, ein böser Wurm nagte an meinen schönen Weinstöcken. Er hat ein Drittel von ihnen vernichtet."
Der König empfand Mitleid mit seinen Untertanen und entließ sie gnädig. Der Verwalter des Königs, der überall im Lande sein Ohr hatte, wußte jedoch: Weder hatte es eine Mißernte gegeben, noch war ein Blitz in eine Herde eingeschlagen, noch

hatte ein Wurm Weinstöcke zerfressen. Er rang mit sich und entschloß sich, dem König zu vermelden, daß er von drei nichtswürdigen Bauern hinters Licht geführt worden war. Zu seiner peinlichen Überraschung reagierte der König zornig: "Was erzählst Du mir da und stiftest Unruhe in meiner Seele? Selbst wenn ich ahnte, das Volk wurde von bösen Einflüsterungen verführt, so konnte ich stets glücklich im Unwissen verharren, solange mir niemand eine schlimme Nachricht überbrachte. Mit diesem friedlichen Leben hat es nun ein Ende. Du vorlauter Schwätzer hast es mit Deinem Mißtrauen zerstört. Ich sollte Dich hängen lassen." Der Verwalter wurde an die Grenzen des Reichs verbannt – dorthin, wo der Okeanos die Erde umspülte. Da war die Welt zuende.

Am nächsten Tag wollte der König durch einen Herold den Befehl verkünden lassen, daß von nun an jedem Bürger verboten sei, die Wahrheit zu sagen. Es werde vielmehr durch Büttel darauf geachtet, daß ein jeder das Gegenteil der Wahrheit sage, selbst wenn er vom König zum Sprechen aufgefordert werde. Auf diese Weise glaubte der König, das Laster der Lüge ausrotten zu können – wenn lügen nichts Böses mehr bedeutete. Bürger, die nach wie vor auf der Wahrhaftigkeit bestanden, sollten an die Grenzen des Reichs verbannt werden, dorthin, wo der getreue Verwalter des Königs mit seinem Schicksal haderte. In der Nacht quälten den König böse Träume. Er geriet daher in Zweifel, ob es nicht eine voreilige Entscheidung war, in seinem Reiche die Wahrheit zu verbieten. Maßte er sich nicht ein Recht an, das den Göttern vorbehalten war? Er schickte daher im Morgengrauen zwei Boten zu einem uralten, weisen Eremiten, um von ihm einen Rat zu erbitten. Der Eremit hauste am Rande des Königreiches in einer Grotte unter einem Wasserfall. Er trug einen langen Bart, der, in Jahrhunderten gewachsen, bis an den Strand des Okeanos reichte. In diesem meerfeuchten, verfilzten Bart nisteten Vögel, die darin Nester bauten und Eier legten. Auch Muschelkolonien siedelten in dem Bart, und Krebse, Langusten, Mollusken fanden darin eine Heimstatt. Einmal im Monat, bei Vollmond, zog der Eremit den Bart zu sich herauf, verspeiste Vogeleier, Muscheln und Weichtiere und löschte seinen Durst. Er war so alt, daß seine Sprache von niemandem mehr im Lande verstanden wurde. Die Boten des Königs mußten eifrig die Heiligen Bücher des Königsreiches studieren, bevor sie zu der Grotte des Eremiten aufbrachen.

Der König mahnte die Boten zur Eile, denn er erwartete sie noch vor Sonnenaufgang zurück. Er hieß sie, auf dem Luftweg zu reisen, auf dem Rücken zweier Königsschwäne, die im Burgteich gehalten wurden. Der König hatte nämlich dem Herold geboten, das neue Gesetz gegen die Wahrhaftigkeit bei Sonnenaufgang im ganzen Reich zu verkünden. Bis dahin mußten die Boten zurück sein, damit der König sich den Rat des weisen Eremiten noch anhören konnte. Nun war der Herold freilich des Glaubens, auch für den König selbst gelte das Verbot, die Wahrheit auszusprechen. Gab er also Befehl, das Gesetz beim nächsten Sonnenaufgang zu verkünden, meinte er in Wirklichkeit den nächsten Sonnenuntergang. Soeben aber versank die Sonne über den Baumwipfeln. Da schwang sich der Herold auf sein Pferd, preschte durch das Burgtor und verkündete mit Fanfarengeschmetter im ganzen Königreich das neue Gesetz: Allem Volk sei künftighin verboten, die Wahrheit zu sprechen. Der König war zu jener Stunde in einen unruhigen Schlummer gesunken. Er war ohne Argwohn, daß sich bereits im Morgengrauen in allen Häusern die Lüge eingenistet hatte. Die beiden Boten machten sich eilends auf die Heimreise. Der Weise hatte ihnen folgende Botschaft aufgetragen:

"Wenn der König seinen Untertanen verbiete, die Wahrheit zu sprechen, versündige er sich schwer gegen den Willen der Götter. Über die Tugenden der Menschen wachten allein die Unsterblichen, nicht ein irdischer König, der wieder zu dem Staub wird, aus dem er geboren wurde. Sein Zepter berechtige ihn nicht, göttliches Recht zu sprechen. Die Götter werden das Reich auslöschen, falls die Menschen dort künftig nur Lügen verbreiten."

Durch das voreilige Handeln des Herolds hatte sich nun überall im Land das Verbot der Wahrhaftigkeit schon herumgesprochen, auch die beiden Schwäne hörten davon und berichteten den beiden Boten. Nur der König ahnte noch immer nicht, was geschehen war. Als er die Boten empfing, nahm er daher an, sie sprächen die Wahrheit:
"Der weise Eremit läßt Dir ausrichten, daß Du ganz im Sinne der Götter handelst, wenn Du die Wahrheit durch die Lüge ersetzt im guten Glauben, durch dieses Gesetz der Lüge das Böse zu nehmen."
So logen sie pflichtgemäß, um dem neuen Gesetz zu gehorchen. Nach dem angeblichen Rat des Weisen glaubte der König, recht gehandelt zu haben und war froh darüber. Da jedermann wußte, die Menschen sagten von nun an immer etwas anderes, als sie meinten, fühlte sich keiner belogen. Wer es dennoch wagte, die Wahrheit zu sprechen, durfte sich nicht erwischen lassen. Das Gesetz gegen die Wahrhaftigkeit galt freilich nur für die Sprache, nicht für Äußerungen des Gefühls. Wer traurig war, mußte nicht lachen, sondern durfte weinen. Der Zornige mußte nicht freundlich lächeln, sondern durfte mit grollender Stimme poltern. Dieser Gegensatz gebar komischen Szenen, etwa wenn der Bauer im Herbst den Zehnten ablieferte und zu jammern anfing:

"Dieses Jahr fiel reichlich Morgentau auf meine Wiesen und Felder, so daß ich ein Drittel mehr Ernte einbrachte."
Der König wußte, das war gelogen und erließ dem Bauern ein Drittel des Zehnten. Die Büttel des Königs, die man *Wahrheitsschnüffler* nannte, enttarnten Gesetzesbrecher am ehesten, wenn Mimik, Gefühl und Sprache zusammenpaßten. Wer lauthals mit traurigem Gesicht und Tränen in den Augen von einem Mißgeschick erzählte, der log gewiß nicht. Den packten die Büttel ohne Umstände und schickten ihn in die Verbannung.

Nun lebte in dem Königreich ein Philosoph, der sich auf den Marktplätzen herumtrieb und den Menschen kritische Fragen stellte. Der König hatte solches nicht verboten, denn Fragen haben mit Lüge oder Wahrheit nichts zu tun. Ob sie denn glaubten, daß man Wahrheit durch Lüge ersetzen könne, gewissermaßen wie eine Sprache durch die andere? Die meisten Angesprochenen nickten eifrig: Da der König das ja gewollt habe und er sich nicht irren könne, müsse es wohl so sein. Der Philosoph beherrschte aber die Kunst, weder zu lügen noch die Wahrheit zu sagen. Er formulierte Sätze, die Wahres und gleichzeitig Falsches enthielten, wodurch viele Bürger in Verwirrung gerieten. Andere wurden nachdenklich: Es war ja so, daß man das Gegenteil zur Wahrheit auf vielfältige Weise ausdrücken konnte, und wo das passende Wort fehlte, bildete oder erfand man ein neues. Um nicht versehentlich die Wahrheit zu sagen, mußten die Bürger ihren geschickten Antworten und Behauptungen viel Zeit widmen. Viele hatten daran ihren Spaß, und so nahm der Reichtum der Sprache an Wortschatz, Formen und Sprichwörtern zu. Da sie sich nicht mehr an die Wahrheit zu binden brauchten, erfanden die Menschen zum Zeitvertreib spannende oder rührende Geschichten, trugen mit Leier und Gesang Balladen vor, verbreiteten in den Kneipen

Witze und Anekdoten. Die mißgünstigen Götter wollten dem Treiben jedoch ein Ende bereiten, hatten sie doch für die Anmaßung des Königs, der die Wahrheit durch die Lüge ersetzte, den Untergang seines Reiches beschlossen. Indessen, die Tochter des Göttervaters hatte Mitleid mit den Menschen, die unschuldig-schuldig waren, fand aber in der Riege der strengen Götter kein Gehör. So sandte sie dem ehemaligen Verwalter des Königs, der wegen seiner Wahrheitsliebe verbannt war, einen Traum: Er möge am Ufer des Okeanos eine Pforte aus Stein errichten und am Tage, da sich im Westen ein großer Sturm zusammenbraute, diese mit seiner Kolonie der Verbannten durchschreiten. Der Pfad dahinter führe in das Gefilde der Seligen.

Der Sturm brach mit ungeheuerer Gewalt über das Land herein, schob haushohe Wellen vor sich her, ertränkte Mensch und Tier, vernichtete Wald, Acker, Weide. Niemand überlebte. Nachdem sich die Wasser endlich verlaufen hatten, ließen sie eine öde Moorlandschaft zurück. Es dauerte tausend Jahre, bis der Boden sich durch die Bildung von Torf festigte. Dann wagten sich wieder Siedler ins Land, verwandte Stämme der Gallier. Die Römer nannten das Land Hibernia, eine Insel am Rande des Okeanos, am Ende der bekannten Welt. Bis heute hat kein römischer Legionär seinen Fuß auf die Insel gesetzt. Unser Kaiser hat den Feldherrn Agricola daran gehindert, die Eroberung Hibernias zu versuchen. Die Bewohner der Insel gelten als kriegerisch, sangesfreudig, gastfreundlich, einfallsreich. Ihre Mythen führen nicht zu gallischen Traditionen, sondern in das entfernte Zeitalter des milden, gütigen Königs, der versuchte, der Lüge ihre bösen Züge zu nehmen. Ihm verdankt die Welt ihre Poeten, Dramatiker, Schriftsteller. Römische Händler, die Hibernia besuchten, erzählen die Legende von der Tochter des Göttervaters, die, als der Sturm losbrach,

auf die Erde hernieder schwebte und die Sprache, die Märchen und die Überlieferungen des untergehenden Königreiches in das Moor versenkte. Dort ruhen sie noch immer und warten auf ihre Wiedererweckung.
"Was willst Du mit der Geschichte sagen, Pinpetos – die Unwahrhaftigkeit sei die Mutter der Dichtkunst?"
"Die Dichtkunst ist die edle Schwester der häßlichen Lüge. Der milde König in den Mythen Hibernias wollte die Lüge mit der Lüge aus der Welt vertreiben. Das konnte nicht gelingen. Aber er hat uns ein tröstliches Erbe hinterlassen: Poeten und Geschichtenerzähler."
"Das ist eine kühne Behauptung. Würden die Menschen aufhören zu lügen, bedeutete das umgekehrt auch das Ende der Dichtkunst." Pinpetos hob die Hände wie im Zweifel, sagte aber nichts mehr.

Der Proconsul hatte dem Kaiser durch Titinius Capito einen Brief zustellen lassen. Titinius Capito war verbindlich, gleichzeitig auch zurückhaltend. Wollte man etwas vom Princeps, war man gut beraten, sich privatim erst an den Sekretär zu wenden. Titinius Capito riet dem Proconsul ab, die Rede auf die erledigte Numidische Affäre zu bringen. Der Proconsul beharrte jedoch darauf, sie sei eben nicht erledigt, es braue sich wieder etwas zusammen. Er blieb uneinsichtig und störrisch. Alles, was er erreichte, war eine Einladung in den Palast zusammen mit einer Heerschar anderer Provinzbeamten. Der Kaiser begrüßte ihn flüchtig, das Schreiben ignorierte er. Erbost reiste der Proconsul zurück nach Africa. Myra setzte sich durch und blieb in Rom – bis auf weiteres.

Glossar V

01 Nida: Hauptort der Civitas Taunensium, in der Nähe des heutigen Frankfurt-Heddernheim gelegen.
02 Mit der Anlage des Limes entschied sich das Römische Reich für eine deutlich markierte Staatsgrenze, womit die Politik einer Eroberung Germaniens bis an die Elbe aufgegeben wurde. Das Konzept einer befestigten Grenze zum Schutz gegen Überfälle auf römisches Gebiet wurde schon unter Domitian geplant, aber erst unter Traian und Hadrian verwirklicht. Der Limes diente gleichzeitig der Überwachung des Handels mit den Germanen. Der *obergermanische Limes* begann rechtsrheinisch nördlich der Einmündung von Lahn und Mosel, folgte etwa parallel der Flußrichtung von Rhein-Main mit einer Ausbuchtung nach Norden unter Einschluß der Wetterau, wandte sich dann südwärts bis Großkrotzenburg. Von da an bis zur Einmündung der Tauber bildete der Main einen Teil Limes. Die befestigte Strecke setzte sich südlich fort, knickte dann in der Gegend vom heutigen Schwäbisch Gmünd nach Osten ab und erreichte bei Kelheim die Donau. Die Länge betrug etwa 550 km.
03 *De bello Germanico: Vom germanischen Krieg*. Gedicht des Publius Statius, in dem die Feldherrnkost Domitians verherrlicht wird. Vorgetragen bei den Albaner Festspielen. Von Juvenal in der 7.Sarire verspottet.
04 *De bello Gallico: Vom gallischen Krieg*. Caesars Beschreibung seiner Eroberung Galliens.
05 heute: Irland
06 heute: Schottland
07 Juvenal erwähnt in der 3.Satire, daß *von der Porta Capena das Wasser herunterrieselt* (wegen eines Defekts der Aqua Marcia)
08 Der Überlieferung nach soll Diogenes am Tage mit einer Laterne über die Agora spaziert sein: Er wolle einen Menschen finden. Das Motiv taucht bei Nietzsche auf.
09 Aula Regia ist die große Empfangshalle der Domus Domitiana
10 heute: Turnu-Severin (Rumänien). Die Brücke wurde unter Kaiser Traian gebaut.
11 Kryptoporticus: unterirdischer bzw. von der Umgebung abgeschlossener Gewölbegang,

12 Der Kult der Magna Mater wurde während des 2.Punischen Krieges aus Kleinasien in Rom eingeführt – offenbar auf Empfehlung des Orakels von Delphi. Der Tempel der Magna Mater wurde 204 v.Chr. auf dem Palatin erbaut.
13 Gaius Asinius Pollio: hoher römischer Amtsinhaber z. Z. Caesars.
14 In den *Doppelbiographien* von Plutarch wurden Leistungen und Lebensläufe von jeweils einer griechischen und einer römischen Persönlichkeit gegenüber gestellt. Der durchsichtige Zweck war, die Ebenbürtigkeit beider Kulturen zu demonstrieren. Gut lesbar und gut gemeint, aber oberflächlich im Stil der Zeit und nicht überzeugend.
15 Spiegelstein: fein geschliffener kappadokischer Marmor.
16 Ludus Magnus: Gladiatorenkaserne gegenüber dem Flavischen Theater, unterirdisch miteinander verbunden.
17 Matrosen aus Ostia wurden bei Spielen in das Flavische Theater beordert, um die Sonnensegel über die Arena zu spannen.
18 Domitian nach *Abtretung der Regierungsgeschäfte*: Euphemistische Umschreibung, daß der junge Domitian – zeitweilig unter dem Schirm des Feldherrn Mucianus Vertreter des Flavischen Hauses – nach Rückkehr seines Vaters in Rom nichts mehr zu vermelden hatte. Das Lob der *außergewöhnlichen dichterischen* Leistungen, die Domitian selbst nicht ernst nahm, ist eine plumpe Anbiederung Quintilians.

Abb 49 Blick auf die Domus Domitiana

A	Domus Flavia (Amtsräume)
B	Domus Augustana (Privatgemächer)
C	Aula Regia (Empfangshalle): Dort empfing der Kaiser Bitten und Beschwerden, mit denen er sich befaßte – was von einem guten Souverän erwartet wurde.
D	Triklinium (Speisehaus für Empfänge)
E	Bibliotheken (griechisch / lateinisch)
F	Paedagogium (Schule für Palastpersonal)
G	Hippodrom (Gartenananlage)
J	Verlängerung der Aqua Claudia

Abb 50 Domus Domitiana heute
oben: Casa Flavia; unten: Casa Augustana